OLHE MAIS ALÉM

OLHE MAIS ALÉM
Uma Abordagem Comprovada sobre Inovação, Crescimento e Mudança

LOOK AT MORE
A Proven Approach to Innovation, Growth and Change

Published by Jossey-Bass. A Wiley Imprint.

Diagramação: Konsept Design e Projetos

Dados Internacionais de Catalogação na Publicação (CIP)
(Câmara Brasileira do Livro, SP, Brasil)

Stefanovich, Andy
Olhe mais além : uma abordagem comprovada sobre inovação crescimento e mudança / Andy Stefanovich ; tradução Beth Honorato. -- São Paulo : DVS Editora, 2015.

Título original: Look at more : a proven approach to innovation, growth, and change.
Bibliografia
ISBN 978-85-8289-080-6

1. Criatividade nos negócios 2. Inovações tecnológicas 3. Mudança organizacional 4. Negócios e economia 5. Pensamento criativo 6. Novos produtos I. Titulo.

15-02230 CDD-658.4063

Índices para catálogo sistemático:

1. Inovação, crescimento e mudança : Administração de empresas 658.4063

ANDY STEFANOVICH

OLHE MAIS ALÉM

UMA ABORDAGEM COMPROVADA SOBRE **INOVAÇÃO, CRESCIMENTO E MUDANÇA**

Tradução: Beth Honorato

São Paulo, 2015
www.dvseditora.com.br

SUMÁRIO

INTRODUÇÃO

Olá. O livro que você tem em suas mãos não é um texto comum sobre inovação. Não é outro livro sobre *brainstorming* nem Seis Sigma, tampouco sobre metodologia, modelos ou teorias. Não me entenda mal — não tenho nada contra a maioria dessas coisas. Na verdade, utilizei muitas delas ao longo de minha vida profissional. Contudo, na maior parte das vezes, essas abordagens distanciaram a humanidade da inovação e a tornaram estéril e mecânica ou — ainda pior — complexa e confusa. Empresas de todos os portes e em todos os setores têm se concentrado tanto e por tanto tempo em inovação, que em alguns casos todo o processo se estancou. Elas simplesmente não conseguem superar seus próprios obstáculos.

Depois de 20 anos ajudando algumas das maiores empresas do mundo a tornarem-se mais inovadoras, posso dizer que a alternativa mais eficaz para desatrelar a inovação é a **inspiração**. A inspiração alimenta a criatividade, e os pensadores criativos inovam. É isso. O problema dos mais sofisticados modelos, teorias e metodologias, bem como de todo o resto, é que eles **não inspiram**.

Mas como **inspiramos** as pessoas? Bem, precisamos aprender a pensar de uma maneira diferente e estimular os outros a fazer o mesmo. Infelizmente, para a maioria de nós, essa não é uma transição que ocorre por si só. Tornar-se uma pessoa inspirada requer rigorosa disciplina e muita prática. Essa é também uma **abordagem** sobre inovação que a Play, empresa que fundei há 20 anos, levou a seus clientes — a mesma abordagem que apresentarei neste livro. Na realidade, a disciplina da inspiração é tão importante e valiosa para os negócios, que, em 2009, vendemos a Play para a Prophet, empresa de consultoria global de marca e *marketing*, para que pudéssemos ampliar o alcance de nosso processo e permear a estratégia de um número maior de empresas líderes ao redor do mundo.

Chamamos esse método de LAMSTAIH (*Look at More Stuff; Think About It Harder* — pronuncia-se "lamb's tai" — "olhe mais além e pense mais a fundo a respeito"). Esse acrônimo está escrito em letras garrafais em meu escritório e tornou-se parte do vocabulário diário de algumas das maiores corporações do mundo (que nos contratam para ajudá-las a adquirir as habilidades práticas, o comportamento de liderança e a mentalidade cultural essenciais para criar ideias e promover a inovação). Como você verá em breve, o LAMSTAIH é menos complicado, mais fácil de aprender e muito mais eficaz (e com isso quero dizer mais propenso a inspirar) do que outras abordagens sobre inovação com as quais talvez você já tenha se deparado. Na verdade, aprender a pensar de maneira diferente requer apenas **bom senso**.

Como vamos passar um bom tempo juntos, há algo sobre mim que você deve saber imediatamente. Eu adoro histórias. Adoro ouvi-las, e adoro contá-las. Acredito que, quando fazemos uma pergunta, o objetivo deveria ser ouvir uma história, e não uma resposta. E pelo fato de a situação de cada organização ser única, não **existem** respostas certas. Por isso, em vez de oferecer respostas, passarei a maior parte do tempo neste livro contando histórias. Algumas delas são sobre minha vida particular ou minhas experiências no mundo dos negócios. Algumas me foram contadas por amigos ou colegas. E outras, admito, extraí de revistas e jornais pelo simples motivo de ilustrarem bem o que gostaria de dizer. Algumas dessas histórias repercutirão em sua vida pessoal ou profissional, e outras não. Algumas você terá vontade de compartilhar. Outras poderão entediá-lo, e algumas outras poderão soar completamente casuais. Na verdade, às vezes recorro ao que chamo de "rupturas intencionais", que são imensamente valiosas para enfatizar e esclarecer mensagens importantes.

Meu objetivo aqui é oferecer tanto quantidade quanto variedade nas informações que você lerá neste livro. Acredito que você conseguirá identificar a mensagem que pretendo passar com essas histórias, utilizá-la em seu próprio contexto e chegar às suas próprias conclusões. Afinal de contas, que hipócrita eu seria se no processo de tentar lhe ensinar a pensar de maneira diferente eu insistisse para que você aderisse a uma fórmula rígida?

Você pode imaginar a leitura deste livro como uma visita a um museu. Nem todas as obras — ou peças da exposição — vão surpreendê-lo. Contudo, é provável que **algo** nesse museu o toque. Ter o curador certo para orientá-lo nessas exposições e explicar-lhe o significado de algumas peças pode fazer com que sua visita seja muito mais relevante e inspiradora — e é esse o papel que desempenharei ao longo deste livro.

Quando você terminar a leitura, tenho certeza de que encontrará pelo menos algumas ideias que farão com que pense de forma diferente sobre inovação e criatividade e o ajudarão a tornar-se uma pessoa mais inspirada e mais inspiradora. Se isso não ocorrer, terei fracassado. Entretanto, nos mais de 20 anos em que utilizamos essa abordagem com empresas e executivos ao redor do mundo, tivemos grande sucesso. Várias vezes tive oportunidade de ver duas ou três ideias ou pensamentos transformarem completamente uma empresa e todos os indivíduos que trabalham nela. O mesmo **ocorrerá** com você e sua organização.

Gostaria de começar com a história de um camarada chamado Phillip McCrory, que criou uma inovação transformacional enquanto estava em casa em um dia de folga, tomando café e vendo televisão.

Era a última semana de março de 1989 e, como em muitas outras, McCrory estava colado no canal CNN, que divulgava a devastação provocada pelos quase 11 milhões de galões de petróleo que haviam sido derramados pelo navio petroleiro Exxon Valdez na enseada de Príncipe Guilherme no Alasca. McCrory, que na época era cabeleireiro em Madison, no Estado de Alabama, assistiu a um dos integrantes da equipe de resgate tentando limpar a "sujeira" grudada na pele de uma traumatizada lontra. O óleo parecia ter penetrado na pele do animal. Foi nesse momento que McCrory teve uma inspiração: "Se os pelos podem absorver e reter o óleo derramado, porque o cabelo humano não se comportaria da mesma maneira?".[1]

Onde a maioria das pessoas vislumbrou apenas tragédia, McCrory viu uma solução. Será que as centenas de milhares de toneladas de cabelo jogadas no lixo todos os anos poderiam ser uma solução para desastres ambientais tão terríveis? Minutos depois, McCrory entrou no carro e dirigiu-se para o seu salão.

Já com várias patentes de produtos para penteado, McCrory estava preparado para começar a experimentar. Pegou uma meia-calça de sua mulher e a encheu com 2 quilos de restos de cabelo cortado no salão. Amarrou os pés da meia-calça com um nó frouxo em forma de anel e a colocou na piscina de plástico de seu filho, enchendo-a de água até a borda. Em seguida, despejou óleo usado de motor de carro no centro do anel, apertou o nó para diminuí-lo e observou entusiasmadamente quando todo o óleo se fixou no cabelo. Em poucos minutos, não havia nenhum traço de óleo na água.

Acontece que o cabelo humano não absorve o óleo: ele **adsorve** — o óleo na verdade gruda no cabelo, em vez de ser absorvido por ele. Por esse motivo, o cabelo pode ser torcido e usado várias vezes. E o óleo também pode ser recuperado e reutilizado.

Percebendo uma oportunidade, McCrory foi até o Centro Marshall de Voo Espacial da Nasa na cidade vizinha de Huntsville, e os cientistas do Centro de Transferência de Tecnologia demonstraram então grande interesse. Os testes iniciais indicaram que o método de McCrory poderia limpar um galão de óleo derramado em menos de dois minutos com um custo de mais ou menos US$ 2. As soluções prevalecentes naquela época eram muito mais complicadas, levavam mais tempo e custavam aproximadamente US$ 10 para cada galão removido.

Anos mais tarde, McCrory recebeu a patente e criou sua própria empresa. Os efeitos de sua inovação ainda se propagam pelo mundo. Em 2006, o governo filipino coletou 100.000 sacos de lixo de cabelo, que foram usados para limpar os 53.000 galões de óleo que haviam vazado na costa do país. Pessoas de todos os tipos contribuíram — incluindo estudantes e presidiários. E essa ideia continua evoluindo. Uma empresa transforma apenas meio quilo de cabelo (aproximadamente a quantidade diária coletada em um salão) em um tapete de aproximadamente 9 m^2 e 1,25 cm de espessura, que pode adsorver um quarto de galão e ser reutilizado 100 vezes. Em 2007, esses tapetes foram utilizados para limpar um derramamento em San Francisco, e a descoberta de McCrory foi utilizada outra vez em 2010 no derramamento de óleo no golfo do México.

Tudo bem, você pode estar pensando, grande coisa — então um cabeleireiro qualquer surgiu com uma ideia inteligente de **adsorção de óleo**. Isso é uma grande coisa, e por muitos motivos. Primeiro, essa história é um exemplo perfeito de inspiração em ação, de como um único momento de inspiração pode se tornar uma inovação capaz de mudar o mundo. Ainda mais importante, isso mostra que você não encontrará novas soluções se continuar olhando para as mesmas coisas da mesma maneira. E é assim que a maioria das pessoas passa a maior parte do tempo: conversando com os mesmos especialistas, lendo as mesmas revistas, examinando o mesmo conjunto de dados de mercado, olhando as mesmas páginas na Internet, almoçando no mesmo lugar, fazendo o mesmo caminho para ir para a casa, fazendo as mesmas perguntas, dando as mesmas respostas, utilizando as mesmas ferramentas, aplicando as mesmas medidas de sucesso e assim por diante.

Que bom que aqueles cientistas do Centro de Transferência de Tecnologia da Nasa se dispuseram a se afastar um pouco de sua rotina usual e conversar com McCrory. Por mais improvável que possa parecer para uma organização que trabalha com limpeza de derramamento de óleo ter uma reunião com um cabeleireiro do Alabama, *a posteriori* isso faz o maior sentido. Por que cientistas que trabalham com a remoção de óleo de animais peludos não estariam dispostos a ouvir as ideias de uma pessoa que lida com cabelos oleosos todos os dias? Até que ponto você gostaria de ter alguém como McCrory em sua equipe? Para encontrar o inesperado, você precisa estar aberto para isso — sempre e toda vez que isso aparecer.

Concentre-se em *inputs* e não em *outputs*

Hoje em dia, é impossível perambular pela sede de uma empresa e não topar com um diretor de inovação que acabou de chegar de uma reunião com o conselho de inovação na mais nova e moderna sala de inovações, na qual se sentaram de cara fechada para examinar os resultados de suas iniciativas para criar uma "cultura de inovação" à altura de seu principal valor corporativo: a **inovação**. Por que as empresas não têm essa cultura? Por que elas não conseguem ter o tipo de inspiração que Phillip McCrory teve?

A resposta é simples, mas contrária ao bom senso: a maioria das empresas busca inovação nos lugares errados, concentrando-se nos **resultados** esperados (*outputs*), e não nos **insumos** (*inputs*). Uma inovação verdadeira — e com isso me refiro a uma inovação que gera mudança para você, sua equipe, sua organização e o mundo — provém de um tipo de pensamento completamente novo. E é esse, obviamente, o significado de LAMSTAIH — olhar mais além e pensar mais a fundo a respeito. À medida que avançarmos neste livro, você perceberá para que tipo de coisa você deve olhar e o que significa "pensar mais a fundo".

Infelizmente, na maioria das empresas é difícil quebrar hábitos antigos (e isso inclui olhar para nos lugares errados). Independentemente do quanto elas falem sobre a importância da inspiração, quando essas organizações de fato reservam um tempo para criar, as pressões do dia a dia e as rotinas dos negócios modernos fazem com que elas retomem estilos antigos. Vi isso ocorrer mais de mil vezes. As pessoas saem de uma reunião dinâmica e criativa, em que a inspiração fluiu livremente e as equipes geraram uma tonelada de boas ideias, mas tão logo se encontram de volta à sua mesa de trabalho abaixam a cabeça e retomam o que estavam fazendo antes. No dia seguinte, é como se nunca tivessem sido inspirados.

Um dos problemas é que a palavra **inovação**, sob vários aspectos, é um obstáculo para si mesma. Ela tem sido tão repetida e enfatizada nos últimos tempos, que se tornou quase inexpressiva. Um problema maior, no entanto, é que a maioria das organizações não está preparada para estimular seus funcionários a buscar inspiração. Na realidade, ao fazer um levantamento junto a milhares de empresários com nossa parceira Kim Jaussi, da Universidade de Binghamton, constatamos que apenas 27% dos entrevistados disseram que eram inspirados por seus supervisores; isso significa que mais de dois terços dos entrevistados não são inspirados por seus líderes.[2] A maioria das empresas não avalia ou recompensa a inspiração e a criatividade. Em vez disso, os funcionários são motivados a trabalhar rapidamente e eficazmente, a finalizar uma tarefa e seguir para a próxima. Em outras palavras, eles não são pagos para pensar — pelo menos não criativamente.

A solução? Você precisa aprender a se sentir confortável para buscar inspiração na direção e sentido contrários dos lugares para os quais costuma olhar. Sei que para muitas empresas girar 180° em relação ao atual processo de inovação é quase como ir contra as leis da física. Mas isso é possível. Uma inovação sustentável começa com funcionários inspirados. Por isso seu primeiro passo é respirar fundo e parar de se preocupar tanto com o resultado final. Em vez disso, você deve começar a prestar atenção em sua responsabilidade de inspirar todos os dias as pessoas de sua organização. Isso significa fazer grandes mudanças em suas expectativas, nos métodos que você utiliza para medir o sucesso e na forma como recompensa um excelente desempenho. Isso leva também a se concentrar em buscar inspiração para novas ideias de seu negócio, normalmente em lugares que você nunca havia imaginado antes estar.

Aprender a buscar inspiração em tudo o que você faz e em todos os lugares aos quais vai é essencial para o processo de desenvolvimento de habilidades de pensamento criativo. Pensar de uma maneira diferente é uma habilidade que pode ser aprendida, a qual deverá ser praticada para o resto de sua vida. Apenas as pessoas que pensam monoliticamente acreditam que já tenham dominado a criatividade. A maioria dos grandes músicos e atletas passa muito mais tempo praticando do que se apresentando ou competindo com outras equipes — é assim que eles aprimoram suas habilidades e sua disciplina. Correr entre uma série de obstáculos ou treinar escalas musicais durante horas a fio são exercícios rigorosos e muitas vezes cansativos. Contudo, quando um músico finalmente sobe no palco ou um atleta pisa em campo, o tempo e a energia que eles investiram no treinamento são recompensados.

Sabemos que para fazer uma apresentação musical soberba ou ter um excelente desempenho atlético é necessário praticar intensamente, então por que não tratamos a disciplina de buscar inspiração para novas ideias nos negócios da mesma maneira? Obviamente, existem raras exceções, como Phillip McCrory, para as quais a inspiração parece cair do céu. Na maioria dos casos, entretanto, a inspiração ocorre — parafraseando um antigo ditado — quando a **preparação encontra** a **oportunidade**. Em outras palavras, tudo depende de você se exercitar a pensar de maneira diferente e criativa para saber o que precisa fazer quando surgir uma oportunidade.

Esse é o tipo de pensamento que você está prestes a aprender.

Não espere por um surto de genialidade

Temos a tendência de considerar a inspiração como um notório relâmpago — uma daquelas coisas que simplesmente acontecem e que é impossível projetar. Mas essa caracterização é muito limitada. Existem na verdade três maneiras diferentes de encontrar inspiração: por prazer, intencionalmente e por encomenda. Vejamos mais de perto:

Inspiração por prazer. Essa inspiração refere-se a momentos puramente inesperados (serendipitosos) que todos nós já tivemos uma vez ou outra. Somos repentinamente tocados por um acontecimento na rua, pela beleza da natureza ou pelas palavras extraordinariamente sábias de uma criança. Você não planejou tal coisa, mas estava no lugar certo, na hora certa. Entender a dinâmica filosófica e mental que está em jogo nesses momentos de pura surpresa e prazer é crucial para direcionar a inspiração para um objetivo específico.

Inspiração intencional (ou seja, por meio do *design*). Essa inspiração ocorre quando você se coloca intencionalmente em uma situação em que existe uma probabilidade maior de você se inspirar, como ver uma exposição de arte ou ter aula com um professor genial. Infelizmente, em geral nos limitamos a encontrar inspiração em relativamente poucas fontes — museus, livros, cinemas, teatros, salas de aula e assim por diante. Contudo, se você continuar aperfeiçoando isso, poderá ampliar sua capacidade para encontrar inspiração em outros lugares menos óbvios. A inspiração que você precisa para seu negócio não está necessariamente no lugar para o qual costuma olhar. E embora você não possa prever os resultados de uma inspiração intencional, é possível prever os custos de **não** buscar inspiração: seus pensamentos ficaram insípidos e você diminuirá sensivelmente as possibilidades que podem ser apresentadas a você.

Inspiração por encomenda. Queiramos ou não, em nossa vida profissional diária algumas vezes precisamos de inspiração em um momento específico, mas não temos tempo, recursos, nem permissão para tentar obtê-las. Isso funciona mais ou menos como os programas de TV por encomenda (*pay-per-view*). Aliás, o setor de entretenimento criou um modelo baseado na forma como as pessoas desejam assistir à TV, armazenando os programas para que eles possam ser assistidos no momento mais oportuno para cada uma.

Se você prestar uma atenção especial a cada um desses tipos de inspiração conseguirá intensificar a **influência** de todos os três sobre seu processo criativo. Por exemplo, quanto mais você buscar inspiração intencionalmente e quanto mais praticar inspiração por encomenda, maior será a probabilidade de estar totalmente **atento** quando for inspirado por prazer. Além disso, você desenvolverá sua habilidade para utilizar esses engenhosos momentos de inspiração em sua própria vida e em seu trabalho.

Algumas pessoas podem até defender que não é possível criar **serendipidade**, mas nas últimas duas décadas percebi que de fato podemos impelir nós mesmos e nossa equipe para *insights* e convívio com significados inesperados associando **disposição** (abertura mental) e um pouco de **convicção**. Portanto, embora eu não possa lhe ensinar a ter um "lampejo" onde e quando desejar, apresentarei várias técnicas e perspectivas para incitar uma tempestade de inspiração, criatividade e inovação. Assim que você experimentar o poder de olhar mais além e pensar mais a fundo, conseguirá dar aos outros uma noção sobre esse processo e criar um exército de indivíduos inspirados e com autonomia e poder de decisão para ajudar sua organização a encontrar novos caminhos para o crescimento.

Torne-se um curador de inspiração

Sempre que viajo para algum lugar com meus colegas, reservamos um tempinho da viagem para encontrar inspiração. Em 2003, eu e Courtney Ferrell fomos a Chicago para finalizar um trabalho com a Crate & Barrel e na segunda metade do dia, antes de nosso voo de volta a Richmond, fomos ao Museu de Arte Contemporânea.

Compramos os ingressos e nos juntamos a centenas de outras pessoas na silenciosa contemplação de pinturas, esculturas e instalações multimídia do museu. Obviamente, também aproveitamos para observar os frequentadores de museu à nossa volta — roupas, jeito de ser, conversas e questionamentos e expressões de perplexidade enquanto tentavam entender o significado de determinada obra.

Em fila, e acompanhados de uma dezena de outras pessoas, caminhamos vagarosa e arrastadamente pela exposição de pinturas. Courtney parou e escreveu **"mentalidade de museu"** em um *think card* — um cartão de ideias vermelho de 22 cm^2 que utilizamos para registrar os momentos de inspiração. (A inspiração pode evaporar-se em um segundo, por isso sempre carregamos esses cartões para registrar ideias inspiradoras assim que elas surgem. Já registrei mais de 30 mil *think cards* até hoje, e compartilharei alguns deles com você ao longo deste livro.) Veja a seguir a inspiração que Courtney registrou em seu cartão naquele dia.

Por que nos **damos** permissão para ter inspiração dentro de um museu? Apenas porque pagamos para entrar podemos confiar na informação que nos é passada pelos curadores entendidos do museu? Acho que, quando compramos um ingresso para um evento ou uma passagem para viajar para lugar em que nunca estivemos, esperamos instintivamente esse tipo de retorno sobre o investimento. Entretanto, não temos as mesmas expectativas em nossas atividades diárias. É por isso que é mais difícil ser inspirado por pessoas da família, por eventos ou pelo ambiente circundante.

Mentalidade de museu

Não é incrível? Nós nos permitimos encontrar inspiração em um museu porque esperamos justamente isso. Pagamos para entrar e dependemos de outra pessoa qualquer para nos dar explicações breves sobre tudo o que está nas paredes. Entretanto, quando saímos pela porta, colocamos novamente nossa viseira. Deixamos a experiência e a curiosidade para trás. Como podemos ter uma mentalidade de museu em todos os âmbitos da vida? Em casa? No trabalho? Em qualquer esquina?

REFLITA

Se você for como eu, provavelmente despende a maior parte do tempo em que está desperto (e às vezes do tempo de seus sonhos) tentando agregar valor para si mesmo, sua equipe e sua organização. Por que não tomar as rédeas das experiências da vida cotidiana e tornar-se um curador de inspiração para você mesmo e para outras pessoas?

Há 20 anos, cheguei à conclusão de que queria mudar o mundo. Precisava encontrar o **"bem maior"**, algo que fizesse diferença em termos pessoais e profissionais e repercutisse bem além do meu círculo imediato. Acredito firmemente que todos nós encontramos nosso próprio caminho para o bem maior adotando a disciplina da inspiração e incorporando-a no dia a dia. Este livro aborda principalmente a busca de inspiração para o mundo dos negócios, porque os negócios, em suas várias formas, atingem todas as pessoas — os funcionários e os membros de sua família, clientes e fornecedores, acionistas e governos, pobres e ricos. O impacto da inspiração se propaga, e encontrar o bem maior dará um toque de felicidade à sua vida. De verdade.

Como líder e consultor, não me vejo como diretor, motivador e tampouco como um supremo solucionador de problemas: vejo-me como um curador. Descubro, reviso e adapto a excelência do mundo e trago à tona os melhores e mais novos *insights* e perspectivas para inspirar outras pessoas para que elas possam gerar excelentes inovações. É dessa forma que vejo o papel que desempenho todos os dias. É por isso que me levanto todas as manhãs. E agora esse é o meu cargo formal na Prophet: curador-chefe e instigador.

Acho que sempre me considerei uma espécie de curador, mas só entendi completamente a ideia quando conheci Paola Antonelli, curadora sênior de arquitetura e *design* do Museu de Arte Moderna em Nova York. Descobrimos que tínhamos uma visão extraordinariamente semelhante sobre nosso papel e nossas responsabilidades. Depois de muitas conversas, Antonelli me explicou suas ideias sobre os três tipos de curador existentes:

- Curadores segundo a definição tradicional — aqueles que os franceses chamam de *conservateurs*. Esses são os curadores que zelam pelos objetos, que têm a responsabilidade de preservar e catalogar, armazenar e proteger. Seu papel é garantir que daqui a 100 anos as pessoas tenham o privilégio de contemplar um objeto. Provavelmente é isso o que muitas pessoas imaginam quando pensam pela primeira vez no que é ser um curador. Você pode imaginar um acadêmico aparentemente envelhecido caminhando por filas e mais filas de caixotes empoeirados em um gigantesco depósito, todos eles repletos de relíquias e artefatos antigos e preciosos. Ele sabe onde todas as coisas estão, e conhece também sua história. Contudo, sob vários aspectos, seu trabalho é manter as coisas escondidas e seguras até o momento certo de revelá-las. Mas esse não é o único tipo de curador.

- Os curadores *zeitgeist* ("espírito da época") são pessoas que têm uma intuição aguçada, que escutam o mundo e encontram exatamente os materiais certos para captar para um público a essência de uma época. Eles não estão olhando para um futuro longínquo, predizendo o que o mundo precisará. Na verdade, eles captam o espírito do momento e o associam a um futuro próximo.
- Os curadores caçadores-coletores buscam constantemente no mundo as coisas mais cativantes e interessantes que deveriam ser compartilhadas.

Antonelli (que se considera uma caçadora-coletora com um toque de *zeitgeist*) encarrega-se da missão interminável de encontrar coisas que prendam sua atenção. Ela pode não saber de imediato como um objeto específico poderia chegar às instalações de seu museu, mas ela não deixa isso atrapalhar sua coleta. "Minha mente me apresenta problemas", disse ela. Entretanto, quando ela relaxa intencionalmente, os objetos, os artefatos e as ideias que ela encontrou começam a formar uma solução coerente para o problema que ela está tentando resolver. Com muita frequência, afirma ela, "Eles ficam mais claros e definidos em um sonho". O que Antonelli sabe fazer muito bem é estabelecer correlações imediatas com coisas que envolvem sua mente em um momento em que a compensação que se obterá a longo prazo nem sempre é aparente. Ela afirma que às vezes é preciso tempo e reflexão para encontrar o significado maior e a importância maior de muitas coisas que ela encontra.[3]

Neste livro, mostrarei como você pode se tornar um **curador de inspiração** em sua vida pessoal e profissional. Se as pessoas se permitirem caçar e coletar ideias e inspiração no mundo dos negócios, tudo o que elas coletarem se transformará em soluções melhores, renovará a energia e fará sentido. Simples assim.

Como este livro funciona: os cinco pilares

Desatrelar a capacidade criativa de cada indivíduo em uma organização e nas equipes em que ele trabalha, e ao mesmo tempo puxar as alavancas organizacionais corretas para que tudo continue funcionando, é um jogo de **malabarismo complicado**. Claro, a solução começa com LAMSTAIH, mas esse processo oferece apenas pinceladas genéricas. Desenvolvemos também um esquema que podemos utilizar com o LAMSTAIH para desenvolver organizações mais criativas. A estrutura que utilizamos — tanto em nossa empresa quanto com nossos clientes — condensa o pensamento, o comportamento e a abordagem de liderança para encontrar novas ideias que geram inovação em cinco principais propulsores.

1. Atmosfera (*mood*)
2. Mentalidade
3. Mecanismos
4. Mensuração
5. *Momentum*

Juntos, esses cinco pilares, originalmente chamados de **cinco Ms** (devido às palavras em inglês), funcionam como diagnóstico e roteiro para mudar pessoas, dar autonomia e poder a equipes e transformar organizações. Se você concentrar suas iniciativas em cada uma dessas áreas, abrirá caminho para a mudança e o crescimento que todas as empresas almejam. Exploraremos detalhadamente cada um desses pilares ao longo dos capítulos, mas, por enquanto, apresento aqui está um breve resumo.

A **atmosfera (*mood*)**, que poderíamos chamar também de estado de espírito, representa as atitudes, os sentimentos e as emoções que criam o contexto para a inovação e a criatividade. Pense nisso como se estivesse indo a um novo restaurante ou bar — você saberá em poucos minutos se lhe apetece ficar lá ou não. Qual é o aroma do ambiente? As luzes são ofuscantes? Os outros clientes são velhos demais, jovens demais, modernos demais, insuficientemente modernos? Atmosfera é o ambiente mental no qual as pessoas em qualquer nível atuam e colaboram, e é algo que os líderes precisam monitorar e adaptar constantemente.

- **A mentalidade** é o alicerce intelectual da criatividade, uma capacidade inerente que cada um de nós tem para se inspirar, continuar inspirado e pensar de maneira diferente. No capítulo sobre mentalidade, falaremos sobre quatro disciplinas de pensamento que podem ser utilizadas para infundir o ambiente de trabalho de inspiração. Se não houver uma mudança de mentalidade em relação à inspiração, qualquer investimento em inovação não gerará frutos. Pense outra vez no restaurante. O cardápio é igual a qualquer outro? O *chef* se arrisca e experimenta novas combinações? Os funcionários são honestos em suas recomendações?
- Os **mecanismos** são as ferramentas e os processos que animam sua criatividade e inovação. Nesse capítulo, você aprenderá a utilizar ferramentas específicas que podem ajudá-lo a infundir inspiração na forma como você trabalha e a capacitar sua organização para adotar o tipo de comportamento que estimula a inovação. Os restaurantes utilizam uma variedade de mecanismos para se comunicar e para serem mais criativos, da forma que o cumprimentam e oferecem uma bebida enquanto você aguarda à aparência do cardápio.
- A **mensuração** leva em consideração o desempenho qualitativo e quantitativo e oferece orientação e *feedback* crítico a pessoas e organizações. O tipo de mensuração que você utiliza em nível organizacional evidencia o que é importante e em que as pessoas devem concentrar sua paixão e energia. Thomas Keller, proprietário e *chef* de dois dos melhores restaurantes do mundo, verifica os pratos que são recolhidos após o jantar e avalia até que ponto sua culinária agrada aos clientes. O que eles comeram? O que deixaram no prato?[4]
- O termo ***momentum*** (movimento) no mundo dos negócios tem quase o mesmo significado que na física: um corpo em descanso mantém-se em descanso e um corpo em movimento continua em movimento.

Em outras palavras, *momentum* é um ciclo que se autorreforça para germinar a inovação e que decorre da defesa e da celebração contínuas da inspiração. O *momentum* é uma prioridade organizacional para os líderes inspirados que compreendem claramente todos os outros quatro pilares. As pessoas que administram o restaurante olham para você como se fosse um cliente casual ou tentam construir um relacionamento duradouro? Isso significaria, por exemplo, pedir para que você se inscreva em sua lista de *e-mails*, enviar cupons de desconto e cartões de aniversário ou lhe apresentar quem são seus fornecedores de hortifrutigranjeiros e laticínios. Esses são os vínculos que criam *momentum* e fazem com que você volte sempre ao restaurante.

Área de recomposição

Correndo para pegar um voo no MKE, aeroporto General Mitchell de Milwaukee, passei pelo controle de segurança e, enquanto recolhia meus sapatos, pelejava com minha mochila e me apressava para não perturbar muitas pessoas atrás de mim, olhei para cima e vi uma placa em que se lia: Área de Recomposição. Que legal! No meio da conservadora região Centro-Oeste, dentro de uma área de segurança rigidamente administrada, alguém do departamento de sinalização encontrou espaço em sua cultura para dizer "Vamos nos divertir um pouco". Sua cultura está promovendo esse tipo de criatividade em toda a organização? Se não, você tem pelo menos alguns catalisadores de criatividade para assumir esse risco? Você quer saber quando foi que falei a respeito do aeroporto de Milwaukee antes de ver aquela placa? Nunca.

REFLITA

Enquanto você se prepara para aprender a disciplina da inspiração, gostaria que pensasse neste livro como um museu ou uma galeria com cinco salas — uma para cada pilar. Nessas salas, você encontrará uma variedade de histórias, metodologias e exemplos reais de inspiração em ação no mundo dos negócios. Assumirei o papel de curador. Você pode visitar essas salas sequencialmente ou transitar entre elas livremente. Apenas não se esqueça de dedicar algum tempo a cada uma delas.

A esta altura você já deve estar refletindo sobre seu ponto de vista a respeito de inspiração, criatividade e inovação. Por isso, antes de começar a galgar os cinco pilares, pare por um instante para se recompor.

CAPÍTULO 1

Atmosfera (*Mood*)

A atmosfera é formada pelas atitudes, pelos sentimentos e pelas emoções que criam o contexto para a inovação e a criatividade.

A atmosfera é uma daquelas coisas que você pode reconhecer de cara. Você provavelmente já teve a experiência de entrar em uma cafeteria, dar uma olhadinha rápida, virar as costas e sair imediatamente. Apenas por não ter tido uma boa impressão. Ou de deixar seu filho na creche e, ao ver todas aquelas crianças correndo, sentir vontade de se sentar no chão e brincar de Lego. Trata-se da atmosfera em ação. Talvez você não consiga expressar exatamente o significado disso, mas com certeza sabe o que isso o faz sentir. Algo muito menos intuitivo, no entanto, é o impacto que a atmosfera pode ter sobre sua criatividade. Pense na última sessão de brainstorming ou em uma reunião de equipe pouco inspiradora da qual você tenha participado.

Você chegou às 8h30min da manhã, bem preparado, e estavam presentes apenas duas pessoas – você e a outra pessoa que chegou pontualmente. Não havia janelas. Uma das lâmpadas fluorescentes piscava tão discretamente que você mal podia notar, mas em 15 min isso lhe provocou uma dor de cabeça horrível. Há meses uma das placas do teto estava faltando e outra exibia uma nova mancha marrom bem no centro. A mesa grande e pesada estava coberta de impressões digitais, arranhões e manchas desbotadas, e todas as cadeiras eram desconfortáveis, apesar de seus sofisticados recursos de ajuste. Você sabia que uma daquelas cadeiras estava capenga — bastava se reclinar para terminar no chão —, mas você nunca conseguia se lembrar de qual, porque todas pareciam iguais. Não havia ventilação e o ar ainda cheirava ao *pepperoni* com cebola servido no almoço do dia anterior. O cesto de lixo transbordava de copos de café de isopor manchados de batom e caixas vazias de *donuts* (rosquinhas). O quadro branco era um daqueles dispositivos "inteligentes" com ferramentas que ninguém sabia usar. Há alguns anos uma pessoa usou acidentalmente um pincel permanente para escrever, e por isso ainda se podia ler "AGENDA" em letras grandes e azuis no canto esquerdo. Você tentou se comunicar com a pessoa sentada diante de você, mas havia algo errado com a acústica daquela sala que abafava o som das palavras assim que você as proferia. Era como falar através de um travesseiro. Você então se sentou em silêncio, esperando pelo período designado para que se iniciasse o incontrolável processo de criatividade.

Ah, sim. A sala de reuniões. O lugar em que os Estados Unidos da América (EUA) corporativos entram para criar. E, infelizmente, um lugar em que todos já estivemos. Felizmente, isso não precisa ser assim. Existem alternativas para mudar a atmosfera em sua organização e transformá-la de um ambiente que suga energia para algo que realmente estimule a criatividade. E é exatamente isso que vou lhe mostrar neste capítulo.

A atmosfera é o primeiro dos cinco fatores que abordarei por um motivo: o sucesso ou insucesso de seu empenho para inspirar sua organização e mudar a maneira como ela pensa e atua geralmente é determinado muito antes de você começar a utilizar qualquer ferramenta ou método específico. Se você interpretar mal a atmosfera, talvez não tenha nem a chance de experimentar outros incentivos à inspiração e inovação, porque a atmosfera é a base de todo o resto.

Existem três alternativas muito importantes para mudar a atmosfera e inspirar as pessoas dentro de uma organização:

- Criar rupturas intencionais.
- Fazer perguntas provocativas e afirmações ousadas.
- Realizar mudanças físicas.

Vejamos mais detalhadamente cada um desses três transformadores de atmosfera.

Crie rupturas intencionais

Interromper deliberadamente a dinâmica física e mental de um grupo, o que chamo de **ruptura intencional**, é seguramente um bom método que todos os líderes deveriam utilizar para mudar a atmosfera. Não se esqueça de que existe uma diferença muito clara entre uma experiência projetada para tirar as pessoas de seu contexto atual (como ir a uma fazenda para falar sobre liderança) e uma ruptura intencional verdadeiramente espontânea. É preciso ter intuição e tolerância ao risco para interromper totalmente um momento ou interferir em um ritual e mudar a atmosfera. Mas você é um líder: então, esse é o seu trabalho. Experimente fazê-lo apenas algumas vezes e verá os benefícios que isso tem no sentido de renovar a energia e a paixão de sua equipe.

Fui salvo por uma ruptura intencional no dia em que me casei com Jill.

A igreja Saint Francis Borgia, em Cedarburg, no Estado de Wisconsin, estava lotada. Lá estava eu no altar, suando e tentando não embaçar meus óculos com as lágrimas de felicidade que tentava conter. Queria apenas que tudo transcorresse normalmente. O violinista começou a tocar e de repende pude ver Jill, linda, entrando na igreja.

Quando Jill estava prestes a dar seu primeiro passo em minha direção, meu tio Mitch se levantou e saudou a todos. Meu coração parou.Tio Mitch é um cara grande, um clone do personagem Archie Bunker do clássico

Tudo em Família, seriado cômico da TV. Ele usava uma gravata curta e larga, e discursou com um charuto mastigado (e, felizmente, apagado) dependurado no canto da boca.

"Esperem um minuto! Parem um pouquinho", disse ele aos desconcertados convidados. "Não estamos aqui para conhecermos uns aos outros? Andy gostaria que nos misturássemos!"

Mitch não havia conversado comigo a respeito disso e francamente eu não me importava com o lugar em que as pessoas estavam sentadas. Só queria me casar. Do meu ponto de vista, no altar, podia ver o perigo da proposta do meu tio. Duas mulheres, em lados opostos do corredor, usavam vestidos idênticos, e muitas pessoas se contorciam nos bancos, perturbadas com esse excêntrico pedido para que se levantassem e se misturassem. Será que de fato elas se entenderiam? Pensariam que minha família era boa o suficiente? Ou achariam que todos nós éramos tão loucos quanto meu tio Mitch?

No início, houve confusão, depois, risos nervosos. Contudo, em poucos minutos meu tio havia conseguido fazer com que todos se levantassem e cumprimentassem as pessoas à sua volta. Após essa "minifesta", que durou mais ou menos 10, as pessoas foram gradativamente encontrando novos lugares e esperaram silenciosamente que a cerimônia recomeçasse. Essa ruptura intencional não apenas mudou o ânimo e a vivência dos convidados no casamento, mas fez também com que a recepção tivesse um extraordinário sucesso. As duas famílias foram incentivadas a se conhecer, e a recompensa disso foi excepcional.

Interromper um ritual pode ter efeitos vigorosos, mas às vezes a melhor maneira de influenciar a atmosfera é criar rituais completamente **novos**. Aprendi essa lição com um de meus companheiros de equipe, um cara chamado Chip Leon. Chip era sempre o primeiro a chegar ao escritório. Certo dia ele decidiu experimentar algo completamente diferente de sua regular rotina matutina. Ele esperou no estacionamento até que o primeiro de seus colegas chegasse. Assim que ela desceu do carro, Chip a aplaudiu de pé. Ela foi pega de surpresa, mas depois de alguns segundos sorriu. No mesmo lugar, ela e Chip decidiram dar as boas-vindas à terceira pessoa que chegasse. Logo três deles aplaudiram a quarta pessoa, e assim por diante. Não vou lhe dizer que essa saudação A.M. (como a chamamos agora) tenha provocado uma mudança inspiradora específica. Mas tenho certeza de que a atmosfera no escritório ficou diferente no restante do dia — tudo porque uma pessoa, no calor do momento, decidiu mudar sua rotina matinal. Na verdade, a saudação A.M. foi tão eficaz para melhorar a atmosfera, que agora a utilizamos em nosso treinamento corporativo de novos funcionários. Pedimos para um membro da equipe deixar a sala, contar até dez e entrar novamente para receber um estrondoso aplauso.

Minha equipe funciona como um laboratório, testando e aprendendo todas as capacidades possíveis. Uma de nossas experiências de aprendizagem mais surpreendentes ocorreu em uma reunião com um cliente, a equipe de executivos da Nike. Os membros da equipe estavam trabalhando em iniciativas para criar uma visão e uma estratégia unificadas e precisavam realizar uma mudança radical para que todos entrassem em acordo. Naquele ano em particular, os orçamentos estavam sendo profundamente analisados e cada executivo tinha uma lista própria de prioridades. O líder desse grupo sabia que desintegrar algumas das estratégias era a maneira mais eficiente — e eficaz — de alcançar os objetivos mais amplos da organização. Contudo, para fazer isso, os membros do grupo teriam de se conectar de uma maneira totalmente inédita, para que assim pudessem ver as prioridades uns dos outros de uma forma nova e diferente.

Sabíamos que era preciso dar uma "sacudida" radical para conseguir a atenção desse grupo. Como eles eram bem-sucedidos tanto individualmente quanto em grupo, por que deveriam se preocupar em melhorar a colaboração? Para responder a essa pergunta, criamos o evento ECC (experiência, compreensão, conhecimento — falaremos mais sobre esses eventos no Capítulo 3, "Mecanismos") para levar o grupo ao campo. Reunimo-nos com a equipe da Nike no Ritz-Carlton em Portland. Sobre a mesa havia bolos e chás, o que para os membros do grupo significava que eles haviam sido conduzidos para outra reunião executiva que reproduziria todas as dinâmicas usuais.Contudo, para sua surpresa, eles foram convidamos a nos acompanhar em uma viagem de trem a Seattle. Quando chegamos lá, pedimos a todos os membros do grupo que olhassem mais além e refletissem mais a respeito do tema, tudo para que se enxergassem como uma equipe de trabalho diferente.

Nossa viagem de um dia começou em um ponto de ônibus. Caminhamos com o grupo até a esquina e demos a um deles um buquê de margaridas, instruindo a entregar as flores à primeira pessoa que descesse do próximo ônibus. Esse pedido sem dúvida chamou a atenção do grupo. Quando a primeira pessoa desceu do ônibus, esse membro da equipe da Nike lhe entregou as flores. Enquanto ela sorria de alegria, um de nós fez uma pergunta simples: O que ela havia feito — naquela manhã, na semana passada ou em sua vida — para merecer aquele presente inesperado? Essa mulher nos respondeu com convicção: ela era uma professora que havia enfrentado cortes drásticos de orçamento e mesmo assim conseguiu manter os recursos mais fundamentais para seus alunos; ela assumiu a responsabilidade de ser tutora de uma criança desprivilegiada quando soube que seus pais não conseguiriam fazê-lo; há 25 anos ela dava esperança a crianças que talvez não tivessem essa oportunidade de outra maneira. Em seguida, ela se foi, com as flores nas mãos e a cabeça erguida.

Depois de parar por um minuto para processar aquela troca, conversamos sobre a experiência ali mesmo na esquina. Os executivos da Nike compartilharam seus pontos de vista sobre fazer a coisa certa, o quanto o que eles fazem passa despercebido, como estão sempre tentando fazer tudo no contexto da realidade mais ampla e como poderiam se beneficiar de uma maior colaboração para dar conta da ambiciosa agenda que todos tinham. O simples ato do reconhecimento pelo reconhecimento em si — uma pergunta e um punhado de flores – nos levou a descobrir o quanto todos nós nos sentíamos realizados enquanto indivíduos, mas que ainda havia um potencial bem maior no poder da colaboração.

Naquela esquina, os membros da equipe de executivos desenvolveram sua nova abordagem de trabalho: maior conexão entre si, maior apreço pela agenda e pelas iniciativas dos outros e maior disposição para perguntar e ouvir a história dos outros — coisas que não estavam ocorrendo no ritmo e na frequência com que deveriam. A equipe iniciou um novo diálogo que rendeu um novo resultado.

Posteriormente, enquanto examinávamos a área turística de Seattle, vimos vendedores, donos de lojas e músicos de rua com uma margarida. Quando paramos em uma esquina movimentada para perguntar a um guitarrista onde tinha conseguido aquela flor, ele disse: "Uma mulher me perguntou por que eu merecia uma flor. Eu lhe respondi e ela me deu esta margarida... que dia bacana". O efeito propagador desse tipo de ruptura intencional nunca para de me impressionar. Comece com um belo ato inspirador e veja isso se propagar pelas ruas da cidade — ou de sua organização.

As palavras que você emprega, a maneira como se apresenta — até mesmo os mínimos detalhes importam, porque todos eles trabalham juntos para no final definir o contexto para a criatividade e a atmosfera de sua organização. Vejamos alguns exemplos de como palavras e a linguagem podem transformar expectativas e mudar a atmosfera em qualquer organização.

Preste atenção ao que as pessoas são, não ao que elas fazem

A meu ver, os cargos e organogramas deveriam ser deixados de lado no processo de criação de ideias. Quando fundei a Play, há duas décadas, queria criar um modelo diferente de organização, em que a atmosfera para inovação fosse intensa e positiva. Um dia, durante o almoço, Patty Devlin, um dos membros de minha equipe naquela época, sugeriu que, em vez de diretor executivo, eu me chamasse de "responsável pelo que vem em seguida". Esse título mostrava claramente, a todas as pessoas da organização e aos meus clientes, que meu papel não era gerenciar e executar — estava lá para pensar à frente e encontrar novas oportunidades de crescimento. Hoje, na Prophet, todos escolhem um título próprio para seu cargo. Obviamente, esses títulos alternativos não mudam as atividades diárias que precisamos executar para manter a empresa andando, mas personalizam nossa postura e conduta e desencadeiam novos tipos de diálogo.

Que mensagem o título de seu cargo atual transmite? Que título você escolheria se tivesse oportunidade? Que título captaria a essência de quem você é e do valor que você imprime em sua organização? Invente um título que expresse essa ideia — não o que você faz, mas quem você é — e então *seja* isso em todos os segundos do dia.

REFLITA

Faça perguntas provocativas

Uma **pergunta provocativa** e bem feita pode mudar completamente a disposição de ânimo de uma pessoa ou equipe ao convidá-la a pensar alto com você. Essas perguntas são especialmente úteis para mudar a dinâmica de uma sessão de trabalho. Idealmente, elas devem ser abstratas e abertas, e a **resposta não deve ser fácil**.

Certo dia, enquanto trabalhava com inovação com uma instituição financeira global, tive oportunidade de sentir o poder de uma pergunta provocativa.Estava trabalhando com uma equipe de 30 executivos da empresa para articular e delinear sua estratégia de inovação que cobriria um período de cinco anos.Produtos, cultura, tecnologia, aquisições, portfólio de produtos, segmentação de clientes e estrutura da organização eram os temas de nossas conversas — tal como de fato deveriam. Mas a amplitude do tema havia entorpecido a equipe.À medida que prosseguíamos em nossas conversas, as dificuldades se tornavam mais complexas e emaranhadas, tal como normalmente ocorre em uma equipe de executivos em que os membros: (1º) têm opiniões distintas e (2º) passaram anos apresentando seu ponto de vista.

Para que o grupo desse um passo adiante, precisei desatrelar a intuição dos membros da equipe e possibilitar que, em vez de "falar", eles "agissem". Para isso, fiz uma pergunta: "O que vocês vão fazer, então?". Deixando essa pergunta no ar, informei que voltaria em uma hora e que eles deveriam relatar as prioridades que colocariam a agenda de inovação em marcha e em pleno vapor. Quando retornei, havia uma nova energia na sala, visto que as equipes estavam debruçadas sobre planos de trabalho e mapas conceituais. Chamar a atenção e pedir a um grupo de profissionais experientes para "agir" — simplesmente fazer, e não falar — virou suas iniciativas de estratégia de inovação de ponta cabeça e liberou seu potencial. Nunca subestime o poder das perguntas simples e provocativas para criar uma atmosfera mais dinâmica e inspiradora.

Veja algumas de minhas perguntas provocativas favoritas:

- E agora?
- O que ainda não sabemos?
- O que faremos?
- Quando você criou algo pela última vez?
- O que é relevante?
- O que deveríamos perguntar?
- O que é mais importante?
- O que o deixaria um pouco mais desconfortável?
- Qual seria sua primeira providência como diretor executivo?
- O que o mundo está lhe dizendo?
- Como você colocaria seu negócio a perder?
- O que deveríamos iniciar, interromper e continuar?

- Quanto tempo você passou pensando em sua equipe hoje?
- Quanto tempo você dedicou a você mesmo?
- Quando foi a última vez que você de fato olhou para fora de sua empresa, de seu setor ou de seu mundo?
- O que seria o bem maior?
- O que poderia dar errado?
- O que poderia dar muito certo?
- Que importância isso tem?

Faça afirmações ousadas

Além de fazer perguntas provocativas, você pode sacudir a atmosfera de sua organização criando um fórum para **afirmações ousadas**. É aconselhável ter afirmações que gerem um pouco de controvérsia. A afirmação deve se ajustar ao tema e ao objetivo em questão e ao mesmo tempo desafiar os ouvintes a ampliar sua forma de pensar. Ela deve também fazer com que eles o envolvam em uma discussão, em vez de apenas sentar e ouvir (ou ignorar) o que você fala.

Há alguns anos, participei de um grande festival para pessoas da área de cinema. Um diretor famoso de Hollywood era um dos oradores esperados. Dentre os ouvintes, havia muitos especialistas e líderes do ramo que estavam ali para ouvir um lendário discurso sobre a atividade cinematográfica. O diretor disse muitas coisas interessantes, mas fez uma afirmação especialmente provocativa ao declarar: "A maioria dos campeões de bilheteria que vocês apreciarão no futuro — aqueles que rendem US$ 200 milhões — serão feitos com menos de US$ 15 milhões". Olhando ao meu redor, poderia dizer que os membros da plateia — pessoas que geralmente não pensam duas vezes para investir US$ 100 milhões em um filme — já estavam começando a pensar sobre as coisas de uma maneira diferente. Ele sem dúvida havia contestado o paradigma. Mais ou menos um ano e meio depois, o filme *Borat* estreou. Os gastos de produção foram de aproximadamente 18 milhões de dólares e os lucros foram superiores a US$ 250 milhões .

Em que você está pensando?

Você nunca sabe de onde uma grande ideia pode surgir. Perguntar a alguém, a qualquer pessoa, "Em que você está pensando?" cria uma dinâmica e um ambiente participativo. Isso demonstra que todas as pessoas e ideias são valorizadas e válidas. Do motorista de táxi ao diretor executivo, nunca perdi a oportunidade de perguntar: "Em que você está pensando?".

No início da década de 2000, estava em uma reunião executiva em uma empresa de tecnologia no Vale do Silício. A conversa não saía do lugar. Todos os executivos basicamente se exibiam para a sala repetindo o que o anterior havia dito. Mas uma pessoa que estava participando da reunião ainda não havia falado. Então me dirigi a ela e perguntei: "Em que você está pensando?". Ocorre que aquele jovem era um funcionário em início de carreira que estava ali apenas para tomar notas para um executivo ausente. Todos se surpreenderam quando me dirigi a ele. Mas ele expôs um ponto de vista a respeito do assunto que mudou completamente a atmosfera da sala. Esse jovem estava trabalhando na área de atendimento ao cliente e nos ofereceu uma nova visão de vendas e distribuição que estabeleceu um novo curso para o raciocínio em torno das estratégias. Um ponto de vista de vendas voltada para a distribuição. Você nunca sabe de onde uma boa ideia pode surgir.

Perguntar a um colega "Em que você está pensando?" talvez não renda nenhuma resposta muito surpreendente. Mas poderia.

REFLITA

Margaret Lewis, presidente da divisão de capitais do Hospital Corporation of America (HCA), mudou completamente minha maneira de pensar sobre a importância da inspiração com esta ousada afirmação: "Não existem novas estratégias de negócio". Para responder a pergunta "O que você quis dizer com isso?", Margaret explicou que as empresas modernas já descobriram todas as formas de fazer as coisas ficarem mais baratas, mais rápidas e mais lucrativas e que, por isso, não existe nenhum novo método de fazer negócios.Em vez disso, as empresas precisam utilizar a *inspiração* como combustível para animar as estratégias existentes e torná-las mais envolventes e produtivas.

A ousada afirmação de Margaret, que sintetiza sua abordagem de administração, inspirou uma mudança na atmosfera de sua organização. Essa afirmação simples e ao mesmo tempo inteligente levou as equipes dessa rede de hospitais a buscar inspiração e a utilizá-la como estímulo para mudar a forma de criar e implementar estratégias de negócios. O pessoal do HCA não permitiu que restrições regulamentares, financeiras, legislativas e de outra natureza limitassem sua forma de ver as três principais preocupações estratégicas do hospital: a sala de emergência, a relação entre os médicos e a estada do paciente. À medida que as equipes do HCA contribuíam para a equação de criatividade de cada uma das estratégias da organização, abordagens novas e diferentes foram sendo desenvolvidas, e isso gerou melhores resultados.[1]

Outro exemplo de afirmação ousada para restabelecer a atmosfera vem de um amigo, Kent Liffick, anteriormente da Fórmula Indy. Kent é um dos melhores profissionais de marketing de esportes atualmente, e por um motivo muito simples: ele faz perguntas provocativas, em vez de aceitar as normas de um sistema extremamente tradicional. Os patrocínios estão a anos-luz das transmissões simultâneas de rádio, da sinalização de propaganda e das promoções cruzadas do início da década de 1980, mas a maioria continua sendo praticamente uma oportunidade de marketing que não funcionou. Como profissional de marketing, raramente vejo patrocínios de esportes completamente adequados e que aproveitam plenamente os ativos da marca e da propriedade. Quando Kent enfrentou esse problema na Fórmula Indy, ele fez uma pergunta inteligente e obteve resultados ousados. Ele perguntou a seu cliente: "Se essa fosse a última oportunidade de exposição que sua empresa tivesse, o que você faria com ela?". Sabendo que a Fórmula Indy é um dos esportes mais incomuns e emocionantes do mundo, Kent era incansável para fazer com que os ativos dos patrocinadores cruzassem todos os pontos de contato. Essa pergunta ousada reformulou imediatamente o desafio que ele e seus clientes estavam tentando resolver e envolveu esse trabalho em uma atmosfera de urgência e possibilidade.[2]

Empregue uma linguagem simples

As perguntas provocativas e as afirmações ousadas não necessitam de uma linguagem floreada para transformar eficazmente a atmosfera. Anita Roddick, fundadora da Body Shop, disse-me duas coisas que continuam sendo um mecanismo para inspirar ideias dentro de sua empresa — e que são excelentes exemplos do poder da linguagem simples. Ela compartilhou a primeira ideia comigo enquanto jantávamos em um restaurante francês na Dinamarca. Falávamos sobre a paixão e sobre o quanto ela é importante para impelir mudanças em qualquer organização. Quando lhe perguntei por que isso ocorria, ela respondeu: "A paixão persuade". Mais tarde, no aeroporto de Heathrow em Londres, disse a Anita que ela era a pessoa mais inspiradora que já havia conhecido. Quando lhe pedi que me desse um último conselho antes de embarcar no voo de volta a Virgínia, ela respondeu com outra frase simples : "As palavras criam o mundo". Anita já faleceu, mas lhe serei eternamente grato pela dádiva da paixão e pelas ideias ousadas e vigorosas que ela compartilhou comigo por meio de palavras tão simples e tão eloquentes.[3]

"**A paixão persuade.**" "**As palavras criam o mundo.**" A mensagem que essas frases simples transmitem é inacreditavelmente fundamental. Não há nada mais vigoroso do que a paixão para gerar mudanças.A paixão é o combustível que dá energia e propulsão às ideias e faz qualquer organização continuar funcionando.Ao mesmo tempo, as palavras são a ferramenta que utilizamos para expressar nossa paixão e nossas ideias e por isso é fundamental que todos os líderes tenham propósito em suas palavras.Em conjunto, esses dois comentários de Anita me ajudaram a criar coisas melhores ao longo de minha carreira — e ajudaram meus clientes a fazer o mesmo.

Tome como exemplo John Unwin. John é um diretor executivo especial. Ele tem 25 anos de experiência em administração de hotéis e *resorts*, que incluem a administração do Caesar Palace e do San Francisco Fairmont. Ele ajudou a dirigir os hotéis de Ian Schrager e hoje é diretor executivo do The Cosmopolitan em Las Vegas, um *resort* de luxo no centro da via principal de Las Vegas. John tem uma paixão genuína, uma paixão **verdadeira**, e ele a transferiu para a sua equipe — e sua linha de negócios. Falemos sobre um *resort* que revolucionará sua categoria. Quartos com varandas privativas caras e distintas que permitem que os hóspedes fiquem lá fora e tenham uma ampla visão da silhueta de Las Vegas são apenas um dos surpreendentes atributos que o distinguem.

Ajudamos John e sua equipe a lançar uma nova marca de *resorts* com seus 150 melhores funcionários meses antes da inauguração. Para oferecer a John o cenário perfeito para o pontapé inicial do evento, escolhemos o Neon Museum, a dez minutos da Faixa de Las Vegas pela via expressa. O "cemitério" do museu guarda os antigos letreiros de néon de todos os grandes hotéis, cassinos e estabelecimentos importantes de Las Vegas — o Silver Slipper, o Golden Nugget, o Stardust etc. Levamos o grupo para o local que reúne essa brilhante coleção em três ônibus de 50 passageiros e nos reunimos ao redor de John para ouvi-lo contar sua história. E ele o fez maravilhosamente. Com dezenas de grandes letreiros de néon ao fundo, John subiu em uma mesa de piquenique meio bamba e falou sobre uma de suas primeiras experiências em Las Vegas — a mágica noite que ele passou no lendário *Bacchanal room* no Caesars Palace. Suas palavras pintaram um quadro da antiga Vegas que despertou a imaginação de sua equipe enquanto ela se preparava para ajudar a criar o próximo capítulo da história da cidade e a transformar o The Cosmopolitan em um dos líderes do setor. Essas 150 pessoas ficaram fascinados com a convicção de John, seu humor, sua concreção e sua paixão pela mudança — mudança que abrangeria um setor e uma cidade, não somente um *resort*.

Depois que John terminou de falar, levamos o grupo de volta ao The Cosmopolitan, que estava ainda em construção. Lá, reunimos os primeiros

150 membros da equipe do The Cosmopolitan em um círculo no ainda inacabado salão de baile do hotel e, em um momento simbólico, distribuímos pincéis atômicos e lhes pedimos para que tirassem o capacete de proteção, os autografassem e os passassem para a pessoa ao lado para que fizessem o mesmo. Depois de fazer todo o percurso em torno do círculo, o capacete de cada um chegava às suas mãos com a assinatura de todas as pessoas do grupo — colegas que estavam prestes a iniciar uma maravilhosa empreitada com John. Embaraçosamente, todo o percurso levou 22 min, e a certa altura fiquei preocupado com a possibilidade de o grupo ficar impaciente. Contudo, quando tentei apressá-los, John me disse que deixasse acontecer.Isso fazia parte da empreitada que havíamos traçado e ele queria utilizá-la para acender a paixão do grupo e enfatizar — 149 vezes — o papel de cada um nesse empreendimento coletivo. O toque mágico de John irradia-se nesses momentos, e as pessoas se lembram disso e o utilizam como um farol de orientação.A paixão de John persuade sua equipe a sempre procurar mudanças significativas.E eles sempre o farão.Tenho certeza disso.[4]

Pare por um instante e pense na linguagem que você emprega no dia a dia e no impacto que isso tem sobre a atmosfera de sua organização. Que significados subliminares você pode estar passando para sua equipe e como ela modela a sua capacidade de se comunicar de maneira autêntica? Você conseguiria mudar a maneira como você e sua equipe interagem falando o que você verdadeiramente quer dizer? Você sucumbe ao discurso corporativo? Você está sacrificando a inspiração em nome da eficiência?

Realize mudanças físicas

Talvez a maneira mais fácil (e barata) de começar a definir ou mudar a atmosfera de sua equipe seja simplesmente ir para um **lugar diferente**. Entretanto, sei que a ideia de mudar o ambiente físico para mudar a forma de pensar não é nenhuma novidade, mas mantenha estas duas ideias em mente:

1. O ambiente tridimensional representa apenas metade da equação — provavelmente a metade menos importante. A outra parte, que abordaremos no capítulo subsequente, é mental.
2. Quando você pensar em ambientes alternativos para trabalhar com sua equipe, precisará ir além dos tradicionais encontros em algum *resort*, no qual se tenha possibilidade para caminhadas e prática de esportes. Tente se superar um pouco mais. Dará tudo certo, vá em frente.

Há alguns anos, fomos contratados por uma empresa de serviços financeiros cujos líderes queriam saber por que seus funcionários não estavam pensando grande o suficiente. Situada em um típico complexo comercial longe do centro urbano, a empresa identificou cada um de seus vários edifícios por número — "Edifício 1", "Edifício 2" e assim por diante —, denotando certa falta de personalidade, o que nunca é um sinal animador quando a empresa alega que a criatividade é valor organizacional.

Enquanto atravessa o estacionamento para chegar à entrada, fiquei perplexo com o fluxo de funcionários que saíam. O horário de almoço se aproximava naquele lindo e ensolarado dia, o que me fez naturalmente pressupor que eles estavam com pressa para desfrutar de seu tempo livre — parques, caminhadas e um momento para tomar um pouco de ar fresco. Porém, acabei percebendo que a maioria deles não estava indo a lugar nenhum. Na verdade, eles entraram no carro e ficaram lá, comendo, tomando refrigerante, lendo livros e ouvindo rádio. Será que as coisas estavam tão ruins lá dentro do escritório que os funcionários precisavam escapar para o carro para encontrar paz? (Essa cena me fez lembrar de um poema que li certa vez, no qual o poeta fala sobre pessoas que deixam a janela do carro entreaberta enquanto vão para o trabalho — não com a intenção de manter o carro fresco, mas porque deixam 75% de si mesmos para trás enquanto vão para o trabalho, só para ter certeza de que aquela parte deles ainda consegue respirar).

Quando entrei no Edifício 2, comecei a entender aquela fuga para o estacionamento. As paredes eram escuras e frias, o piso era escuro e frio, a mobília era escura e fria. O segurança tirou os olhos de sua porção de torresmo apenas o tempo suficiente para pedir que me registrasse, e percebi que justamente atrás dele, preso à parede, encontrava-se o único objeto colorido naquele lugar: um desfibrilador vermelho — a única coisa naquele prédio que certamente manteria o coração batendo. Que bela metáfora! A atmosfera sombria se estendia para o cemitério de baias no interior do prédio, que se mantinha em absoluto silêncio mesmo depois que a multidão voltava do horário de almoço. Em todos os lados, havia pessoas com a cabeça abaixada, conversas abafadas, portas fechadas. Nenhum ruído em nenhum lugar. Quando abri um pacote de goma de mascar Bubblicious e comecei a desembrulhar ruidosamente uma delas, olhares se voltaram para mim como se tivesse atirado uma granada. Como alguém poderia encontrar inspiração naquela zona morta?

Outras empresas têm consciência da relação entre ambiente e criatividade, e um excelente exemplo é a General Eletric (GE). Na GE, tudo se resume à liderança, e isso tem sido assim há anos. Ainda hoje a empresa continua escrevendo novos capítulos para o livro de liderança corporativa global. Susan Peters, diretora executiva de aprendizagem e uma de minhas "paixões" mais antigas no mundo dos negócios (falaremos sobre essas paixões posteriormente), ajudou a definir e moldar a liderança na GE ao longo nas várias versões da organização. Susan tem uma excepcional combinação de inteligência e intuição, e sem dúvida nenhuma está entre os executivos estratégicos mais direcionados para pessoas com os quais já trabalhei na vida. Ela sabia que Crotonville, centro de desenvolvimento corporativo da GE famoso por sua excelência em liderança executiva, ajuda a definir a liderança na GE e ao redor do mundo. Quando Susan começou a reconstruir o *campus* de Crotonville, ela pediu ajuda à minha equipe. Ela queria dar uma nova aparência e um novo sentido a todos os aspectos do *campus* — ambiente, experiência, conteúdo e outros ativos.[5]

Os grandes projetos se iniciam com uma grande visão, mas na verdade eles começam a tomar forma com pequenas ações. Desenvolvemos equipes de trabalho para lidar com inúmeras necessidades relacionadas ao novo *campus*, como mais oportunidades de interação, novas tecnologias e atividades criativas e divertidas durante a tarde. As equipes também ativaram várias ideias que gerariam resultados imediatos, como disponibilizar jornais internacionais nas recepções e novas tecnologias nas salas de visitas. Mas isso tudo ganhou vida quando aplicamos algumas camadas de tinta e acrescentamos uma mesa improvisada em um dos escritórios administrativos de Crotonville. Meus colegas de trabalho Barry Saunders, Hillary deRoo e Lauren Mirsky passavam um bom tempo no *campus* e precisavam de uma área de trabalho. Mantendo a mentalidade de experimentação que estávamos tentando infundir na equipe de Crotonville, trabalhamos com a equipe de instalações do *campus* para projetar uma sala de 2,5 x 3 m que seria um destaque animado em uma vasta área de escritórios marrom-claros. Imagine só: paredes verde-claras (um galão de tinta por US$ 14); cavaletes amarelos da Lowes (US$ 25 cada) para apoiar um quadro de 2,5 m (recuperado do departamento de manutenção) e cinco banquetas altas (US$ 26 cada). Algum acessório bacana? Cinco luminárias brancas fixadas à mesa (US$ 7,99 por luminária).

Quando nos estabelecemos no novo escritório, preparados para começar uma semana de reinvenção e descobertas, uma torrente de companheiros de equipe de Crontonville afluiu para contar histórias ou expressar alguma opinião sobre a sala. Eles disseram que as banquetas eram muito altas, mas que podiam ser interessantes; as paredes verdes eram muito berrantes, mas cheias de energia; a mesa era muito grosseira, mas pedia para que se desenvolvessem ideias em cima dela; as luzes eram muito foscas, mas poderiam ter um bom efeito nas sessões de idealização realizadas tarde da noite. A sala desencadeou um debate. Uma conversa. Um ponto de vista. Isso foi o máximo que a equipe de Crotonville conseguiu imaginar em relação à usual escrivaninha em L com gavetas e prateleiras – e foi essa a intenção. Aquela conversa de 30 min em uma segunda-feira de manhã tornou-se um catalisador no sentido de despertar o pensamento do grupo para os 23 hectares restantes e suas maravilhosas instalações. Uma mudança física que custou algumas centenas de dólares nos ajudou a encontrar inspiração e pensar sobre todo o projeto com mais energia e paixão. Essas pequenas mudanças físicas ajudaram as pessoas a enxergar possibilidades e a renovar o diálogo.

Dê uma chacoalhada nas pessoas — até mesmo nas criativas

Não faz muito tempo, eu e meu colega Ben Armbruster nos reunimos com um grupo de executivos da Disney. Nosso primeiro encontro foi em nosso escritório *loft*, um lugar dinâmico, interativo, e deliberadamente projetado para instigar a criatividade e a inspiração. Mas os escritórios da Disney são demasiadamente Disney (afinal de contas, eles **são** da Disney). Para chacoalhar um pouco as coisas, Ben apanhou um *flip chart*, um cavalete, alguns pincéis e anunciou que levaríamos todo o grupo para o cemitério Hollywood, próximo dali — esse cemitério não tem nenhuma relação com a indústria cinematográfica, mas é muito famoso em Richmond, Virgínia, e há muitos anos recebeu esse nome por ter muitos azevinhos (*holly trees*). Com um gesto digno de crédito, Duncan Wardle, executivo da Disney, disse, com seu inimitável sotaque britânico: "Tudo bem, rapaz, vamos lá!", e então nos deslocamos para a versão sulista de "Hollywood", onde passamos as seis horas seguintes conversando — muito produtivamente — sobre como a Disney poderia fazer as coisas de forma diferente.[6]

Duncan e outro membro do elenco da Disney, Victoria Finn, posteriormente chamaram essa ida ao cemitério de "reflexão forçada".[7] Isso nos fez dar um passo atrás, fazer uma pausa e criar coisas bacanas. Durante os dois anos seguintes, ajudei a equipe da Creative Inc. da Disney a colocar lugares inspiradores e inesperados no centro de sua imaginação criativa e transformar a visão da empresa sobre o desenvolvimento de grandes ideias. Acompanhei a equipe da Disney até um estúdio de grafite em Los Angeles, onde grafitamos o muro de uma ruela, e tive oportunidade de vê-los interagir com crianças no programa de tutoria extraescolar e em orfanatos. Aquele momento no cemitério foi um despertar para a equipe de concepção de ideias da Disney, um lembrete de que mesmo uma organização com resultados absolutamente criativos poderia se beneficiar de uma mudança na atmosfera de suas operações internas.

Mude sua identidade física para mudar a forma como você pensa

Afastar fisicamente as pessoas de sua estrutura de referência normal pode gerar percepções formidáveis sobre a forma como essas pessoas pensam. Trabalhamos com uma importante empresa de cartões de crédito para encontrar novas alternativas para promover produtos a pessoas que têm pouco (ou nenhum) crédito — estudantes, imigrantes, pessoas que talvez tivessem uma ou duas falências em seu currículo etc. A julgar pelos carros que paravam em frente ao nosso prédio, tínhamos certeza de que nenhum dos membros de nossa equipe pertencia àquele perfil demográfico específico. A maioria deles não tinha nem ideia do que era viver regularmente de salário ou ter de escolher entre pagar a fatura do cartão de crédito ou comprar comida.

Nosso envolvimento com essas pessoas começou como qualquer outra reunião corporativa — salgadinhos e café, discurso de abertura, apresentações. Em seguida conduzimos todos eles para fora do prédio, onde um ônibus coletivo barulhento nos aguardava. A julgar pelos olhos arregalados e as expressões de surpresa, acho que não erraria em dizer que até então poucos membros da equipe já haviam entrado em um ônibus coletivo. Mesmo assim, subimos e nos dirigimos para um brechó. Demos US$ 20 a cada um deles e dissemos que eles deveriam entrar na loja e comprar uma roupa para vestir no restante do dia. A princípio, eles pensaram que estávamos brincando, mas o olhar resoluto dos membros de nossa equipe dizia o contrário.

Trinta minutos mais tarde estávamos novamente no ônibus. Todos, incluindo nossa equipe, ficaram vestidos durante o resto do dia em seu novo traje, enquanto conversávamos com consumidores, aderíamos a novos hábitos e experimentávamos o que significava viver na base da pirâmide financeira. (Bom, nem todos. Houve uma virada interessante quando um dos membros da agência resolveu adotar uma abordagem diferente e comprar um dos manequins da loja, o qual ele carregou o dia todo com ele). A inspiração genuína proporcionada pela mudança de nossa aparência física ofereceu ao grupo uma percepção palpável, prática e tridimensional sobre a base de clientes da empresa e possibilitou que ela criasse um ótimo conjunto de novos produtos e ofertas.

Construa corretamente ou do contrário ninguém frequentará

Outra maneira de utilizar o ambiente tridimensional circundante para mudar a atmosfera é separar as áreas de inovação (ou, se você tiver verba, construir áreas especiais). Mas tome cuidado. Embora sem dúvida o ambiente de trabalho físico tenha grande impacto sobre nossos comportamentos e interações, ele não é mágico.

Um de nossos clientes, uma empresa da *Fortune 100*, construiu uma suntuosa área externa para reuniões e bate-papo, com a expectativa de estimular os funcionários e despertar novas ideias. Embora tenha sido uma boa iniciativa, ela não foi bem executada. A nova "**área de inovação**" dava bem de frente para as janelas das salas dos diretores executivos. Nenhum dos funcionários queria utilizá-la, por medo de que os altos executivos olhassem pela janela e pensassem que eles estavam ali tomando sol. Com o tempo, aquela área abandonada tornou-se símbolo de "boa ideia, péssima execução".

Há alguns anos, um de nossos clientes estava empolgado para nos mostrar as novas áreas de inovação construídas em suas instalações de 740 m^2 metros quadrados, nas quais haviam investido mais de US$ 2 milhões. Essas áreas estavam localizadas estrategicamente no centro de todos os andares e tinham monitores de tela plana, revistas para gerar inspiração, quadro de avisos eletrônico, petiscos, bebidas e móveis modernos altamente convidativos: "Sente-se e seja criativo!". O problema? Na parede próxima de uma das entradas havia um grosseiro cartaz escrito à mão: "Por favor, faça silêncio. As pessoas estão trabalhando". Como seria de esperar, aquela área de inovação — e todas as outras que vi — estavam vazias. Obviamente, a atitude que prevalecia na empresa era de que trabalhar e conversar em uma área de inovação eram atividades mutuamente excludentes e que "agregar valor" significava ficar sentado silenciosamente a uma mesa de escritório. **Cara, pensei, temos um longo caminho pela frente...**

Você alguma vez já tomou um drinque?

Estava passeando de carro por Fênix, com o teto do meu conversível alugado aberto, em um escaldante calor de verão, quando senti o desejo de tomar uma *margarita* gelada. Encontrei um barzinho mexicano e bebi um delicioso drinque. Avistei atrás do balcão uma página de revista que listava: "nove lugares nos quais você tem de tomar um drinque". Copiei a lista e até o momento já visitei sete deles. Os que me faltam são o sétimo e oitavo. Parte do que me leva a querer visitar todos os lugares dessa lista são os drinques. Mas quero também vivenciar esses lugares e conhecer as pessoas que se reúnem lá. Dê uma olhada na lista. Todos esses lugares têm uma atmosfera exclusiva para ser absorvida:

1. Um *Sidecar* no St. James Hotel em Londres
2. Um *Mint Julep* no Pendennis Club, no Derby Day em Louisville
3. Um *Giml*et em qualquer *lounge* barato em Los Angeles
4. Uma Coca-Cola no Zoológico de San Diego
5. Um gim tônica no Mandarin Club com vista panorâmica da Columbus Circle em Manhattan
6. Uma limonada batizada no Prune na zona leste de Manhattan
7. Um *Sazerac* no Smith & Mills em Tribeca em Manhattan
8. Um *Bellini* no hotel San Piedro em Positano na Itália
9. Uma cerveja Stroh's na arquibancada do Tiger Stadium em Detroit

Cada drinque é especial pelo contexto exclusivo em que o aprecio, seja no lugar em que ele é feito seja curtindo o anonimato absoluto em um *lounge* em Los Angeles. Você deveria criar uma lista de suas próprias experiências e aproveitar o máximo possível nas várias atmosferas (ou cubículos).

REFLITA

A segregação das áreas de inovação pode ter um efeito negativo sobre a atmosfera da organização. Isso pode dar a impressão de que a inovação deve ocorrer apenas em "currais" específicos. Se as pessoas passam por perto e o lugar está vazio, a organização como um todo pode começar a se sentir sem vida e criatividade. E quando suas atitudes e políticas contradizem a atmosfera de inovação, você simplesmente desperdiça tempo e dinheiro criando espaços especiais para a inovação, em vez de tentar infundir gradativamente uma atmosfera e um ambiente criativo dentro da organização. É como atribuir a alguém o título de "**diretor de criação**", pois isso promove a ideia equivocada de que somente uma pessoa na organização é responsável pela criatividade.

Na vida real, geralmente não há criatividade quando você está sentado sozinho. Na verdade, distrações e trabalho em grupo são ingredientes fundamentais. Donna Sturgess, ex-diretora global de inovação da GlaxoSmithKline, chama isso de "ruído azul", e o emprega para avaliar a atmosfera da empresa. Diferentemente do "ruído branco" do trabalho concentrado e silencioso, o ruído azul é uma sinfonia de criatividade, o som audível da energia, da colaboração e da curiosidade em ação.[8] O ruído azul pode ocorrer em qualquer lugar — em um encontro casual na cafeteria; em um almoço com a equipe; em uma conversa ouvida por acaso que inspira uma nova ideia. Cada momento que você e sua equipe não interagem é uma oportunidade de criação perdida.

Qual é a moral da história? Antes de começar a realizar qualquer mudança física, esteja completamente seguro de que todos em sua organização — ao mais alto ao mais baixo escalão — estão preparados para dar esse salto. E conteste suas próprias ideias para ter certeza de que nenhum símbolo, título, palavra ou falsa limitação obstrua suas iniciativas para recarregar a atmosfera do ambiente reimaginando os espaços físicos.

Transforme-se em um diretor de atmosfera

Em 2009, quando vendemos a Play para a Prophet, o *Richmond Times-Dispatch*, nosso jornal local, divulgou a notícia. Isso, por si só, não é particularmente impressionante. Porém, no dia seguinte, recebi um envelope com a cópia do artigo e um bilhete personalizado que dizia "Ótima novidade!", enviado por Tom Silvestri, um grande amigo que por sinal é o proprietário do jornal. Receber aquele artigo me fez sorrir pelo resto do dia e, de uma maneira sutil, igualmente levantou o moral do restante da equipe. Poucos dias depois, por acaso estava em um evento em que Tom também estava presente. Fui até lá e agradeci por ter me enviado o artigo, expressando minha gratidão por ele ter tirado um tempo de sua agenda que provavelmente deve ser insana. Ele me disse que na verdade faz isso todos os dias. "As pessoas sempre dizem que não querem ler o jornal porque nunca há boas notícias. Isso simplesmente não é verdade. Todos os dias há boas notícias. E penso que parte do meu trabalho é compartilhar essas notícias." **Isso** sim foi impressionante. Tanto foi, que comecei a recortar boas notícias sobre pessoas ou empresas que conheço e a enviá-las com uma breve nota de: "Ótima notícia!".[9]

Tom me ajudou a topar com uma das melhores lições de liderança — uma lição que você não encontrará em nenhuma lista que enumere os principais traços de um líder competente. É simplesmente isto: parte das atribuições de seu cargo é mudar a atmosfera de sua organização. O bom humor gera um bom ambiente. Um bom ambiente cria um bom local trabalho. E um bom local de trabalho é o lugar em que as pessoas desejam permanecer. Melhor do que isso é impossível.

Em 2001, fui a Austin, no Texas, para visitar a GSD&M, uma agência de propaganda incomum e com mentalidade diferente. Normalmente viajo com pelo menos um de meus colegas de trabalho. Mas naquela noite em Austin estava sozinho. Era tarde. Viajei durante o dia todo, graças às quatro horas de atraso do meu último trecho de voo. Decidi relaxar e me recompensar com um grande jantar. Perguntei à recepcionista do hotel onde poderia conseguir uma comida excelente por, digamos, **cem dólares**. "Gostaria de me dar um mimo", disse. Ela recomendou um lugar bem pertinho do hotel.

Entrei, otimista e faminto. O cheiro era muito bom. A luz era agradável — amena, mas não muito. O lugar tinha muitos painéis de madeira escura; móveis bonitos e modernos; e, de modo geral, uma boa vibração. Parecia o lugar perfeito para um cara que jantaria sozinho. "Mesa para um, por favor", disse ao *maître*.

Para minha surpresa, ele deixou escapar em desaprovação um quase imperceptível *tsk-tsk* enquanto saía de seu pequeno púlpito e pegava meu casaco amassado e viajado. Ele apanhou um cardápio, disse-me um seco "Me acompanhe" e rapidamente se enfiou pelo restaurante.

Segui depressa atrás dele enquanto ele serpenteava por entre as mesas e salas. Era segunda-feira à noite, e o lugar estava praticamente vazio. Durante todo o trajeto, não parava de me perguntar: **"Será que essa é a minha mesa? Será que essa é a minha mesa?"**.Mas nunca era. Minha expectativa rapidamente se revelou uma decepção, quando ele parou em uma mesa minúscula e escura, bem no fundo, ao lado da porta da cozinha.

Lamentavelmente aquilo simplesmente não funcionaria para mim. Não me sentaria lá, de lado, olhando deliberadamente para uma parede branca para que não tivesse de ficar vendo o cara lavar a louça. De jeito nenhum. Antes que o *maître* tivesse a chance de condescendentemente dizer: "Aqui estamos, senhor", peguei o cardápio de sua mão e olhei bem em seus olhos.

"Não. Não. Agora você me acompanhe", disse eu, enquanto marchava de volta pelo restaurante. Escolhi um lugar no bar, aberto e fresco, bem no meio de toda a agitação, e não perdido em um canto abafado. **Aquele** era o lugar apropriado para ter um bom jantar. Um lugar em que poderia olhar para outras coisas.

Não demorou muito para começar a me divertir, conversando com o *barman*, assistindo ao jogo dos Yankees na TV em frente ao balcão, falando sobre o quanto nós dois amávamos Nova York. Descobri que ele era croata. Minha família é da Sérvia. Então conversamos sobre nossos avós, sua luta enquanto imigrantes e os sacrifícios que todas as pessoas antes de nós tiveram de enfrentar para construir um país com uma cultura tão miscigenada. Lembro-me claramente do que comi naquela noite: risoto de cogumelos, pão quentinho, algumas Pilsner Urquells e um grande e delicioso sorvete à base de suco de frutas de sobremesa.

É muito frequente as pessoas determinarem onde devemos nos sentar, o que devemos fazer e como devemos agir. E com muita frequência concordarmos cegamente com o que dizem que deve ser. Mas não somos obrigados a fazê-lo, pelo menos não o tempo todo. Imagine-se como um diretor de atmosfera e assuma a responsabilidade de definir e reformular a atmosfera de sua organização. **"Não, não, agora você me acompanhe"** é uma frase muito forte. Experimente. Para ser mais específico, a questão não é que você está exigindo que as pessoas de fato o acompanhem. Na verdade, significa que você não precisa aceitar o que lhe oferecem no que se refere a uma atmosfera. Em vez disso, controle sua própria experiência, em sua vida pessoal e nos negócios, para criar a atmosfera correta.

Tudo bem, agora é a sua vez...

Antes de passar para o próximo capítulo, "Mentalidade", pare um minuto para pensar sobre a atmosfera de sua organização e em sua capacidade para inspirar a criatividade e a inovação. Pergunte-se:

- Quantas pessoas sorriem enquanto você caminha pelos corredores?
- Qual a porcentagem de portas fechadas? Abertas?
- Você se surpreende e fica contente no trabalho uma vez por mês, uma vez por semana ou diariamente?
- Em que parte do dia você participa de um riso coletivo?
- O que aconteceria se você usasse rótulos para indicar seu humor no dia a dia?

CAPÍTULO 2

Mentalidade

A mentalidade é o alicerce intelectual da criatividade, a capacidade inerente que cada um de nós tem para se inspirar, continuar inspirado e pensar de maneira diferente.

Há muitas maneiras possíveis de encontrar inspiração no ambiente de trabalho. No entanto, por ter trabalhado com centenas de pessoas em corporações do mundo inteiro, identificamos quatro comportamentos absolutamente essenciais para ganhar — e manter — a inspiração. Juntos, esses quatro atos, que chamamos de **"disciplinas de pensamento"**, geram uma mentalidade criativa e carregada de inspiração:

1. Mude de perspectiva.
2. Assuma riscos.
3. Encontre sua paixão.
4. Conteste suposições e aceite a ambiguidade.

Neste capítulo, enfatizaremos mais os fatores necessários para fortalecer sua disposição e capacidade para realizar essas quatro disciplinas de pensamento e, nesse processo, desenvolver a mentalidade, o segundo de nossos cinco pilares. A melhor forma de entender a mentalidade é mergulhar fundo nela.

Mude de perspectiva e abra sua mente

Não, esse não é um caso de *déjà vu*. No Capítulo anterior, falamos sobre a realização de mudanças físicas em seu ambiente e em suas perspectivas. Agora, o foco recai exclusivamente em mudanças **mentais** — mais especificamente, as fontes às quais você recorre quando busca inspiração.

Para mudar de perspectiva, o mais importante é se **abrir para novos pontos de vista**, situações ou ideias. Isso está relacionado com sua tranquilidade e habilidade para incorporar esses pontos de vista alternativos no processo de criação de novas ideias e também evidencia seu interesse geral e sua curiosidade em relação às coisas. A habilidade para mudar de perspectiva possibilita que você se abra para uma ampla variedade de ideias e pontos de vista enquanto busca soluções.

Algumas fontes — como conhecer seu cliente e pedir sugestões a seus funcionários — são tão simples e óbvias que você se sentirá indignado por não tê-las explorado antes. Vejamos alguns exemplos mais detalhadamente.

Solicite ideias a um público completamente novo

O modelo Volvo Your Concept Car (YCC), "seu carro-conceito", foi divulgado em 2004 após três anos de pesquisa e desenvolvimento.[1] A Volvo se deu conta de que quando o assunto é comprar um carro, as decisões de compra são feitas em sua grande maioria pelas mulheres. Mas os produtos da Volvo estavam sendo desenvolvidos quase completamente por homens. A empresa vislumbrou a oportunidade de inovar, explorando as preferências femininas, e assim formou uma equipe apenas de mulheres.

O novo *design* da equipe tinha muitas características inovadoras, como:

Um capô desenvolvido para ser aberto apenas por um mecânico. Os estudos da Volvo mostraram que as mulheres não se preocupam em fazer a manutenção mecânica, então a equipe criou uma transmissão que precisa de manutenção apenas a cada 50.000 km. O carro envia um sinal de rádio para a concessionária mais próxima no momento em que é necessário levar o carro para manutenção, para que assim a concessionária possa ligar para a proprietária e informá-la de que chegou o momento da revisão.

- Poltronas traseiras estilo cinema. As poltronas geralmente ficam em posição "ereta", o que deixa bastante espaço para sacolas de compras e caixas.
- Maio facilidade de limpeza interior e exterior. Os estofados e carpetes são removíveis e laváveis. Como as panelas Teflon, a pintura tem uma propriedade que não deixa a sujeira grudar, facilitando assim a manutenção.
- Botões e mecanismos de controle agrupados em um lugar central. Todos os controles estão em um único lugar, e não dispersos pelo volante e outros locais.
- Tanque de combustível "sem tampa". As mulheres achavam o manuseio da tampa do tanque um incômodo e por isso os *designers* adotaram a mesma tecnologia de válvulas de esfera sem tampa utilizada em veículos de corrida, que permite que o motorista coloque o injetor de combustível diretamente no tanque. Não há necessidade de manusear a tampa.
- Muitos espaços para armazenamento. Um grande compartimento central planejado para armazenar computadores portáteis e um compartimento especial nas portas para colocar sombrinha molhada.
- Portas com abertura automática. A porta tipo asa de gaivota se abre quando você pressiona o botão sobre a chave do carro. Não há a necessidade de colocar sacolas no chão para abrir a porta.

A equipe YCC da Volvo descobriu várias oportunidades de inovação ao mudar deliberadamente sua perspectiva e procurar uma equipe de *design* não convencional para explorar ideias. (Você acha que uma equipe de homens criaria encostos de cabeça com espaço para as mulheres que usam rabo de cavalo?) Ainda que muitas das características do carro YCC tenham sido inspiradas em ambientes ou hábitos tradicionalmente centrados no feminino, no cômputo geral as inovações são universais em apelo e função. Tal como ressalta Marti Barletta, especialista em padrões de consumo femininos, em um artigo publicado no autointell.com, "Se você atende às expectativas das mulheres, você supera as expectativas dos homens".[2]

O projeto YCC não foi um exemplo típico de pesquisa de mercado intelectual, e não havia nenhuma ciência nem dados por trás disso. O projeto foi uma verdadeira inovação que se desenvolveu porque alguém confiou mais em sua intuição do que em sua inteligência. Na verdade, o YCC nunca foi produzido. Porém, depois de passar por esse exercício, a Volvo mudou completamente sua abordagem e apelo em relação às mulheres.

Minha equipe testemunhou o quanto confiar nos instintos pode abrir novas perspectivas e estimular a inovação. Há alguns anos, organizamos um evento chamado Exchange, no qual convidamos dez de nossos maiores clientes, de todos os lugares do mundo, e possibilitamos que eles mergulhassem em experiências criativas. Eles pintaram murais, cozinharam, escreveram poemas, ministraram treinamentos executivos etc. — novas atividades que abriram novas perspectivas no processo de inovação. Após o almoço do último dia, pedimos a todos os participantes para que nos dissessem o que haviam aprendido de mais importante em termos de inovação. A resposta de Ivy Ross, vice-presidente executivo da Gap, resume o *feedback* que ouvimos de todos eles: "Nossas empresas pararam de confiar em nossos instintos e tornaram a inovação demasiadamente complicada".[3] Esse tipo de mentalidade ancora as organizações ao passado, em vez de conduzi-las em direção ao futuro.

Procure novas perspectivas em todas as três fontes de inspiração

Até agora, falamos sobre utilizar pessoas como fonte de inspiração. Mas a inspiração pode vir de inúmeras outras fontes. Se você tivesse tempo e dinheiro, poderia fazer as malas e viajar ao redor do mundo para encontrar ideias fascinantes sobre um tema importante. Ou poderia passar apenas 15 minutos diante do computador. Em ambos os casos, ter uma mentalidade inspirada e criativa depende em parte da disposição para aprender a olhar para mais coisas em uma variedade de lugares. Existem três fontes amplas de inspiração que você deveria conceber como uma sequência contínua:

- As fontes de inspiração **diretas** são as fáceis, óbvias e esperadas, que estão diretamente relacionadas com o tema em questão — fatores como dados de mercado, análise da concorrência e, como já analisamos anteriormente, relacionamento com os clientes e funcionários. Por exemplo, se seu trabalho for recriar uma coleção de roupas para torná-las mais confortáveis, uma possível fonte de inspiração direta poderia ser comparar de igual para igual jaquetas, calças e vestidos de sua empresa com aqueles produzidos pelos concorrentes.
- As fontes **tangenciais**, como o próprio nome deixa implícito, não estão diretamente relacionadas com seu tema. No nosso exemplo da coleção de roupas, você pode investigar como o conceito de conforto é tratado em outras áreas de consumo, como calçados, móveis, óculos etc. Você poderá encontrar *insights* para seu objetivo com base no marketing, no posicionamento ou na construção dessas fontes tangenciais.
- As fontes **abstratas** são aquelas que, à primeira vista, parecem completamente dissociadas de seus objetivos. A conexão pode ser metafórica, aleatória ou inexistente. Por exemplo, o que um profissional de *telemarketing* poderia aprender com um operador de linha direta com suicidas? Ambos precisam fazer rápidas conexões pelo telefone. Como um copiloto de corrida poderia ajudar um engenheiro de computação a melhorar a interface de seu *software*? Os usuários de *software* e os pilotos de corrida desejam velocidade e funcionalidade ao mesmo tempo.

Das três fontes de inspiração, as correlações abstratas geram não apenas as ideias mais originais (em geral porque normalmente elas estão relacionadas a um conceito que transpôs as fronteiras de seu setor pela primeira vez), mas também são as mais divertidas de explorar. Mas fique atento: esse tipo de descoberta é viciante.

O prêmio de *design* Red Dot International de 2006 é um excelente exemplo de utilização de correlações abstratas. Entre os vencedores, havia apenas duas empresas americanas. Uma, como era de esperar, foi a Apple, indicada pelo *iPod Nano*. Mas provavelmente você nunca ouviu falar da LoggerHead Tools, que criou o Bionic Wrench, uma inovadora combinação de alicate e chave inglesa ajustável.[4] O Bionic Wrench elimina a necessidade de carregar uma caixa com diferentes ferramentas porque ele é ajustável a vários tamanhos. Seu encaixe também diminui a probabilidade de desgastar porcas e parafusos.

A inspiração para esse *design* não veio das chaves inglesas nem de outra ferramenta. Veio das lentes de máquina fotográfica. O engenheiro que desenvolveu essa ferramenta também é fotógrafo amador, e esse lampejo lhe ocorreu enquanto observava como o obturador e a lente se fecham em direção ao centro. Como todas as inovações inspiradas, esse *design* foi possibilitado pela percepção do poder das correlações — ver algo novo ou olhar para algo familiar de uma nova maneira.

Para que você tenha uma ideia melhor sobre como a busca de inspiração em fontes **diretas**, **tangenciais** e **abstratas** ocorre na vida real, montei uma tabela com uma amostragem de projetos nos quais fomos convidados a trabalhar (veja o quadro das páginas 52 e 53). Para cada objetivo, a tabela relaciona os lugares em que encontramos novas perspectivas em cada uma das três fontes de inspiração.

Explore fontes de inspiração dentro de seu círculo

Independentemente do porte de sua empresa, seu bem mais importante é a variedade de experiências de sua equipe e as perspectivas que utiliza em quaisquer situações. Para estimular o pensamento divergente, crie oportunidades para solicitar contribuições de sua equipe durante o processo de criação de ideias. Mais importante do que isso, incorpore o pensamento dos integrantes nas ideias que você está desenvolvendo.

Como você deve saber, o mantra corporativo da GE é "imaginação em ação". Em 2007, a GE nos contratou para descobrir exemplos inovadores sobre como a "imaginação em ação" se evidenciava dentro da organização, e a alta administração da empresa queria anunciar os resultados de nosso trabalho para sua equipe de liderança global na reunião de cúpula anual da GE. **Nossa solução?** Bem, mantendo nossa fanática obsessão por documentar tudo (geralmente de uma maneira pouco usual), enviamos câmeras de vídeo descartáveis a alguns funcionários da GE em cada região do mundo e pedimos para que contassem sua história.

Uma das histórias veio de uma unidade industrial, onde os gerentes haviam investido muitos meses e centenas de milhares de dólares no replanejamento de uma das fábricas para torná-la mais eficiente. Quando um dos planos foi apresentado aos funcionários que de fato utilizavam os equipamentos, um dos operadores ressaltou que eles não precisavam reformular toda a fábrica. Bastava colocar dois componentes um pouco mais próximos.

Foi isso o que eles fizeram. Nenhuma reestruturação de grande vulto, apenas um pequeno ajuste sugerido por alguém da linha de frente. Se os gerentes não tivessem entrado em contato para obter a contribuição dos usuários finais (nesse caso, os próprios funcionários), teriam gastado muito mais tempo e dinheiro na implementação de um plano que não precisava ser implementado. Tal como a GE, você pode desenvolver uma mentalidade aberta a inovações mais inteligentes, simples e eficazes recebendo informações e pontos de vista das pessoas que estão mais próximas de sua atividade.

Objetivo	Fonte direta	Fonte tangencial	Fonte abstrata
Hotel (programa fidelidade)	Recepcionista (porteiro) Equipe de manutenção Agente de viagens Assistentes executivos que lidam com viagens e despesas Viajantes de negócio	Frequentadores anuais de museus Cartões de créditos afiliados ao varejo Frequentadores de academia de ginástica Planos de telefone celular	Relacionamento familiar Sedes e clubes de fãs de esporte Ex-alunos universitários Sociedades nacionais de promoção do patriotismo e de preservação histórica, como a Daughters of the American Revolution (DAR)
Experiência dos clientes em megalojas	Centro de atendimento Fila do caixa Armazém Cadeia de abastecimento Concorrentes Comparação com lojas pequenas	*Designer* de supermercados ou engenheiro comercial Curador de museu Cartógrafo	Departamento de polícia, pessoas desaparecidas Escola para cegos Organizador de desfiles
Instalações hidráulicas	Piscina ao ar livre *Designer* de cozinha Casas	Vestiário de academia ou *spa* Estufa Planta de tratamento de água	Parque municipal Escola de dança Fabricante de pipa
Produtos de higiene para adolescentes	Vestiário de academia Banheiros residenciais Mochilas Residência estudantil	Dermatologista Repórter de revista para adolescentes Perfumaria	Padaria Empresa de doces Estufa

Tecnologia e serviços educacionais de saúde	Posto de enfermagem Ambulância Consultórios médicos particulares	Centros de desenvolvimento de aprendizagem Mecânico de automóveis	Tradutor Maestro de orquestra Operador de torre de controle
Novo *design* de sutiãs	Fábrica de roupas Mulheres de todas as idades Lojas de varejo	Lojas de artigos domésticos Alpinistas *Designer* de interiores *Personal trainer*	Aquário Grupos de defesa dos direitos das mulheres e de apoio Floricultura
Desenvolvimento de uma nova bebida energética	Refrigerantes e outras bebidas energéticas	Vitaminas e suplementos	Oradores motivacionais Passeios emocionantes em parques de diversões Usina de energia nuclear
Experiência de compra de um varejista de DVD	Blockbuster	Amazon.com Biblioteca pública Barnes & Noble	Loja de vinhos
Promoção de criatividade em ambiente corporativo	Sede da empresa Google	Museu Guggenheim	Salas de aula de jardim de infância Aquário de Baltimore

Aprenda com pessoas aleatórias

Aprenda a olhar mais além dos *focus groups* (grupo de foco) quando estiver procurando *insights* de valor. Há alguns anos, a Trustmark, empresa de serviços financeiros de médio porte de Chicago, estava precisando conhecer melhor seus clientes. As equipes de pesquisa da empresa haviam conduzido uma ampla pesquisa de mercado quantitativa, mas não estavam conseguindo obter as percepções necessárias. Sugeri que simplesmente saíssem e conversassem com os consumidores. Nenhum *focus groups*, nada de departamento de pesquisa. Apenas que levasse toda a equipe de altos executivos ao Navy Pier em Chicago e começassem a puxar assunto com pessoas comuns.

Durante o percurso de ônibus pela cidade, o diretor executivo, Dave McDonough, evidenciou que acreditava que já tínhamos toda a pesquisa necessária, mas concordava em investir um dia naquele processo. No final da tarde, sua visão havia sido completamente transformada pela inestimável informação que sua equipe havia coletado de pessoas que passeavam pelo Navy Pier. Pouco tempo depois, ele estabeleceu um programa para levar outras equipes da organização para conversar com consumidores de verdade.[5]

Quando penso sobre o poder das perspectivas "**aleatórias**", lembro-me do dia em que meus pais me deixaram na faculdade. Fiquei intimidado com todos os veteranos que jogavam *frisbee* no gramado e com a música proveniente dos amplificadores colocados nas janelas. Meu pai então assumiu o papel de conselheiro. Colocou a mão sobre meu ombro, apontou para os edifícios cobertos de hera e disse: "Andy, 90% de tudo o que você aprenderá aqui não será naquelas salas de aula." Ele estava completamente certo. Mais do que apenas um salário (ou diploma), **as recompensas que recebemos em todos os trabalhos (e também na faculdade) são as pessoas que conhecemos e as relações que construímos**. Inspirados, os líderes inovadores percebem a importância desses *insights* aleatórios. Eles sempre estão adaptando sua mentalidade por meio de mudanças de perspectiva e do desenvolvimento de novas correlações fora de seu setor e de sua cultura.

A biblioteca humana

Em Malmö, Suécia, a biblioteca pública local tem uma característica incomum. Os visitantes interessados em obter informações sobre grupos minoritários podem "procurar" alguém da "biblioteca viva". Seja um ativista pelos direitos dos animais, um transexual, um cigano ou uma lésbica, essa pessoa coloca-se à disposição para uma conversa em particular.

Se você estiver trabalhando com uma equipe ou um grupo que precisa olhar para mais coisas, mas o tempo, a distância ou a falta de recursos o impede de viajar pelo mundo, pense em criar sua própria biblioteca humana. Essa é uma alternativa muito interessante para você infundir inspiração em sua vida, especialmente as fontes de inspiração tangenciais e abstratas.

REFLITA

Envolva os opositores leais

Uma alternativa muito eficiente e eficaz para forçá-lo a ampliar suas perspectivas e mudar de mentalidade é encontrar seus **opositores leais**. Os líderes tendem a se circundar de pessoas que pensam como eles. Infelizmente, essas pessoas com muita frequência dizem aos líderes o que elas **acham** que eles querem ouvir, e não o que realmente eles **precisam** ouvir. Seus opositores leais não cairão nessa armadilha. Eles são intensamente sinceros, mas serão diretos e lhe oferecerão ideias novas e honestas.

Para identificar seus opositores leais, procure pessoas que pensem diferentemente de você. Essas pessoas podem ser um colega de trabalho do andar de baixo, alguém que você conheceu em uma conferência, seu cônjuge, um concorrente, o carteiro, a babá ou a garçonete tatuada e com *piercing* na língua que prepara seu *cappuccino* pela manhã. A única exigência com relação à inclusão de pessoas nesse grupo é disposição para lhe oferecer um *feedback* direto e sem rodeios.

A incorporação dos pontos de vista de seus opositores leais à sua forma de pensar pode ser uma experiência humilhante, mas não leve isso para o lado pessoal. Encare isso profissionalmente. Ter opositores leais é particularmente importante para pessoas que se consideram (ou que são consideradas) criativas e inteligentes. Como diz minha mulher: "As pessoas criativas e inteligentes sabem como ninguém convencer a si mesmas sobre quase qualquer coisa."

Pense a respeito de sua perspectiva

Agora que você está analisando as várias formas de mudar as perspectivas de sua organização, pare por um momento para responder as perguntas a seguir e avaliar sua mentalidade atual com relação à mudança de perspectiva — e seja **honesto**.

- O que é mais importante para você e por quê?
- No momento de gerar ideias, quem você procura primeiro?
- Imagine-se com 18 anos de idade. O que essa pessoa lhe diria hoje?
- Dentro de sua empresa ou equipe, de onde vêm as boas ideias?
- Quais de seus relacionamentos o desafiam? Por que eles são desafiadores?
- O que você faz? Quem você é?
- Se você pudesse mudar a rotina de sua agenda, o que você mudaria?
- Como outras pessoas descreveriam seu grau de previsibilidade?

Arrisque-se

O quanto você é propenso a se arriscar quando está criando e promovendo novas ideias? Os riscos são projetados e medidos com base nos ganhos e perdas percebidos em relação aos possíveis resultados. Por exemplo, você pode pensar, "Se eu compartilhar essa ideia, será que as pessoas acharão que estou louco?". Como vimos anteriormente neste livro, o medo — do fracasso, de críticas ou simplesmente da incerteza do desconhecido — é um dos maiores censores de ideias em uma equipe. Para catalisar o pensamento criativo, você deve criar um ambiente seguro para a criação de ideias em que não haja **julgamentos precipitados** nem **ridicularizações imediatas** com respeito a qualquer ideia que seja. Mas por outro lado, você precisa estar disposto a se arriscar, e sua equipe deve estar ciente de que você espera que ela faça o mesmo. O desenvolvimento de uma mentalidade que estimule a exposição a riscos calculados ajuda a garantir que você e sua organização sempre criem ideias novas e divergentes para alcançar soluções mais eficazes.

Pense na **pior** ideia possível

Às vezes as piores ideias geram as inovações mais criativas. Em 2002, uma das maiores empresas de brinquedos dos EUA entrou em contato com minha equipe com dois objetivos: desenvolver capacidades criativas e explorar novas ideias para uma boneca de grande sucesso. Como desejava iniciar nossa conversa com algo estimulante, fiz uma pergunta simples aos vários profissionais de *marketing* ali presentes que haviam vivenciado e respirado esse produto: "Qual é a **pior** ideia para remodelar essa boneca?". Olhares vazios. Para um mundo dedicado a criar produtos lucrativos, essa é uma pergunta difícil. Depois de um minuto de silêncio, apresentei minha ideia: "E se ela fosse uma prostituta?". Depois de muitos risos nervosos e alguns olhares arregalados, a equipe entendeu o que estava tentando fazer, e as ideias começaram a fluir.

Nas duas horas seguintes, trabalhamos a ideia da boneca como prostituta e, como cada ideia se baseava nas ideias anteriores, começamos a falar sobre a vida noturna da boneca. A história da boneca — atividades, amigos, acessórios e sua própria vida — estava atrelada ao período diurno. Sua vida noturna, entretanto, era um **território completamente desconhecido**.

Teria sido fácil (e até lógico) rir do conceito de prostituta de rua, mas dedicar algum tempo à busca deliberada de ideias mal concebidas abriu um caminho totalmente novo para possibilidades criativas. Hoje, graças a essa ideia detestável, a vida da boneca é recheada de limusines, danceterias, roupas modernas e festas.

É muito mais fácil **pedir** para que alguém assuma riscos do que fazê-lo por conta própria. Os negócios modernos estão estruturados para eliminar o máximo de riscos que for possível. Mas assumir riscos na verdade muda sua mentalidade e estimula sua criatividade. A primeira vez em que tentamos e falhamos sordidamente, e percebemos que o mundo não desaba sobre nossa cabeça, nos damos conta de que é possível ter sucesso por meio do insucesso. Além disso, começamos a ficar mais tolerantes ao risco.

Enalteça os riscos enfrentados

Para minha equipe, **esfolar-se** — em decorrência dos riscos assumidos — é um emblema de honra. Você tentou. Você fez o que pôde. Você caiu e se machucou um pouco, mas se levantou e continuou no jogo. Quando a questão é risco, nada é mais importante do que um líder vigoroso que define os rumos e cria uma cultura em que as pessoas podem mostrar suas esfoladuras.

Anos atrás ouvi uma história sobre um alto executivo da Ore-Ida, uma subsidiária da Heinz conhecida especialmente por seus produtos congelados de batata, que convocou os engenheiros mais experientes e propôs um desafio: assumir riscos, não ter medo de fracassar e criar produtos inovadores. Ele não poderia ter sido mais direto. Contudo, semanas se passaram, e nenhum resultado foi obtido. Sua equipe era simplesmente muito **avessa ao risco** (e lembre-se, estamos falando de batatas congeladas neste momento).

Diante disso, esse executivo foi a uma loja de suprimentos do Exército e da Marinha e comprou um canhão. Isso mesmo, uma grande peça de artilharia militar, que foi colocada no gramado em frente ao *campus* corporativo da Ore-Ida. Ele reuniu todos os engenheiros uma vez mais e fez uma promessa. Se algum deles estivesse prestes a ter um "fracasso perfeito", ele permitiria que essa pessoa desse um tiro de canhão. Para ele, fracasso perfeito é identificar uma boa ideia, pesquisá-la, testá-la e levá-la o mais longe possível para só então se dar conta de que ela deve ser abandonada.

Bem, em pouco tempo a Ore-Ida estava comemorando fracassos perfeitos em torno do canhão. Você pode imaginar como deve ser a sensação de trabalhar em uma baia, frustrado e preocupado com a rejeição, lutando para fazer uma ideia funcionar — e logo ouvir o canhão detonar. Isso é um sinal que não há nada errado em falhar, desde que você esteja dando o melhor de si. E não se esqueça do líder. Sair e comprar um canhão para que sua equipe perceba que você está falando sério sobre assumir riscos é por si só um risco fantástico — um risco que desde então tem valido a pena. **A ideia desse líder poderia ter falhado? Certamente.** Mas ele deu um sinal culturalmente comovente de que ele estava tranquilo com relação a isso.[6]

Tudo bem, então você se convence de que ir em frente e se esfolar é uma boa coisa. Infelizmente, a América corporativa não está preparada para lidar com o fracasso. As pessoas têm tanto medo das consequências disso, que não exploram adequadamente abordagens inovadoras em relação aos problemas. Em muitas empresas, a simples menção à palavra **risco** pode aumentar a pressão sanguínea das pessoas. Trabalhei com muitos líderes no setor de serviços financeiros e em outros setores que têm amplos desafios de conformidade. Quando eles ouvem essa palavra, você praticamente pode vê-los transpirar. Eles não querem que nada dê errado. Por isso, optam por simplesmente atender às expectativas. Isso significa estabelecer parâmetros muito baixos. Segundo nossas pesquisas, **97%** das pessoas dizem que se sentem tranquilas ao assumir riscos, mas apenas **55%** delas são vistas pelos outros como alguém que realmente assume riscos no trabalho.

Esse é o maior problema. Não estou falando sobre fazer algo ilegal, não estou defendendo uma "contabilidade fictícia ou criativa". Estou falando sobre assumir riscos no momento de criar ideias. Depois, haverá muitas oportunidades para filtrar as coisas que não funcionarão em virtude de regulamentos, custo, tempo ou outras restrições da vida real. Contudo, na fase inicial de desenvolvimento de uma ideia, tudo deve ser posto em discussão. Qual a pior coisa que poderia acontecer? Alguém não vai gostar de sua ideia? Ou ela não será a solução milagrosa que dobrará as receitas da empresa? E daí?

O maior obstáculo com relação a assumir riscos no momento de gerar ideias é a nossa tendência natural de associar o ego às nossas ideias. Se as pessoas não gostarem da minha ideia, perderei o respeito que elas têm por mim. Ou isso significa que elas me odeiam como pessoa. Com um pouco de prática, uma pessoa inspirada pode apartar o ego de sua ideia e reconhecer que, de qualquer maneira, a maioria das ideias não pertence a uma única pessoa. As grandes ideias nascem de conversas coletivas. E essas conversas nunca serão iniciadas — ou não irão longe o suficiente — se todos tiverem medo de dar sua opiniões.

Às vezes, a disposição para assumir riscos pode de fato gerar ímpeto. Veja como isso pode ocorrer: você está curtindo com os amigos ou sua família em uma sexta-feira à noite. Vocês tiveram uma longa semana de trabalho e todos estão cansados. Ninguém quer cozinhar, mas também não quer sair de casa. Vocês decidem então pedir alguma comida pronta. Você pergunta ao grupo: "Que tipo de comida deveríamos pedir?".

Há um breve murmurinho. Ninguém se importa. Tudo o que você ouve é: "O que você quiser" ou "Eu como de tudo". Você pergunta outra vez e todos continuam determinadamente indecisos e complacentes. Finalmente você sugere: "Que tal comida chinesa?".

Agora todos têm uma opinião. "Muito pesada". "Não, comi comida chinesa ontem". "Sempre pedimos comida chinesa. Vamos provar algo diferente". Entretanto, se você não tivesse sugerido comida chinesa como uma das possibilidades, a conversa nunca teria começado. Por isso, não tenha medo de ser o primeiro a dar uma ideia, faça a primeira sugestão e desafie os outros para que respondam.

E não leve para o lado pessoal se eles quiserem pedir algo diferente.

Assumir riscos nunca é tranquilo, mas está no âmago dos melhores momentos, das melhores inovações, dos melhores negócios e das melhores conquistas do mundo. Sirva de exemplo ao mostrar às pessoas ao seu redor que você não tem medo de falar o que pensa e de se assumir riscos quando está gerando ideias. O efeito propagador o impressionará.

Riscos gratificantes

O desespero geralmente é a mãe da inovação!

Em 1995, um grande cliente nosso — cheio de dinheiro, estabelecido na Park Avenue e na lista *Fortune 100* — estava 90 dias em atraso com o nosso pagamento, e eu estava a 48 h de dizer à minha equipe que ninguém receberia naquele mês. Ou pior.

Enviamos cartas. Enviamos presentes. Deixamos mensagens de voz. Chegamos a pedir para que nosso advogado ligasse (gentilmente). E não recebemos nenhuma resposta. Uma colega de equipe levou *Gekko*, meu *golden retriever*, para dar uma volta no quarteirão para refrescar a cabeça e pensar em uma solução. Depois de 10 min, ela entrou correndo pela porta e anunciou: "Pensamos sobre o assunto, e acho que eu e *Gekko* temos uma ideia". Minutos mais tarde, para o meu próprio espanto, enviamos por *fax*, a um enorme conglomerado internacional, um bilhete do meu cachorro.

Cara Laura,

Meu nome é Gekko. Sou o *golden retriever* misturado de 20 kg de Andy. Venho para a Play todos os dias, e sou o cão da empresa. Meu título é *top dog*.

Tenho ido para casa com Andy à noitinha e encontrado o pote de ração vazio, e não sei se isso está relacionado com as contas a receber da Play. Se essa for a razão, agradeceria sua consideração.

Estou ansioso para conhecê-la quando vier nos visitar na nova casa geminada dos Stefanovich em Richmond. Vou lhe mostrar meu pequeno e divertido quintal.

Obrigado,

Gekko

No dia seguinte, Jason, nosso carteiro (que, mesmo depois de 17 anos, ainda é nosso carteiro) entregou um pacote durante a noite com um cheque de US$93 e um pacote de biscoitos para cachorro.

O que fizemos foi arriscado? Sem dúvida. Mas enviar o *fax* de *Gekko* transformou a discussão sobre contas a pagar em algo mais relacionado com o humano. E depois que isso ocorreu, nosso relacionamento floresceu. Desde esse dia, fizemos negócios de mais de US$ 15 milhões com esse cliente. E a empresa sempre pagou suas contas. Contudo, mais do que isso, foi a transparência que exibimos que nos levou a desenvolver um maravilhoso relacionamento.

Experimente algo engraçado

Ao longo dos anos, desenvolvi um método rápido e inteligente para evidenciar como o medo do fracasso interfere em nossa capacidade de criação. Experimente esse roteiro:

"Agora vamos rir um pouco. Você tem dois minutos para criar um número de comédia ao vivo de um minuto. Invente algo — breve — que você possa fazer ou dizer e que faça todos os que estão na sala rir. Você pode virar de cabeça para baixo, contar uma piada ou imitar alguém — qualquer coisa. Você tem poucos minutos para se apresentar. A contagem começa agora. Vá em frente."

Dê ao grupo apenas alguns minutos para ruminar a ideia. Observe quem parece mais angustiado ou amedrontado. Antes de escolher a primeira pessoa que apresentará seu número, pergunte ao grupo:

"Como vocês estão se sentindo?"

Independentemente de admitirem ou não, a maioria estará em pânico. Escolha rapidamente de três a cinco pessoas e peça para que elas fiquem na frente da sala. Observe a reação de todos aqueles que não foram escolhidos. Deixe o grupo que está na frente da sala ficar de pé por um instante e ao mesmo tempo observe quem parece estar nervoso e quem está confiante. Diga:

"Tudo bem, como vocês se sentem agora? Percebi as estratégias que vocês utilizaram para não serem escolhidos... Primeiro foi evitar contato visual e encolher na cadeira para ficar invisível. E logo o blefe: encarar-me corajosamente e com atenção para me enganar."

Em seguida, pergunte a todos aqueles que foram escolhidos:

"Como vocês se sentem? Por quê? O que vocês temem ou por que estão nervosos?"

As reações variarão entre "Eu estou preparado", "Eu estou morrendo de medo" e "Eu não tenho nada para compartilhar". Provavelmente haverá uma variedade de respostas, e você deverá semear essas respostas para chegar à conclusão de que é muito estressante receber uma tarefa como essa. Pergunta seguinte:

"E vocês que estão na plateia? Como vocês se sentem? Por quê? O que vocês temem ou os deixa nervosos?"

As respostas variarão entre "aliviado" e "feliz por não ter sido escolhido". Nesse momento, mude a equação:

"Agora vem a virada. Não vou pedir para nenhum de vocês levar isso adiante. Vocês podem se sentar."

No momento em que as pessoas que estavam na frente voltarem para seus lugares, você provavelmente escutará suspiros e sinais de alívio em toda a sala. Agora, explique o objetivo da experiência:

"Essa situação não é exatamente a mesma de quando nos pedem para compartilhar nossas ideias? O medo de que alguém não goste delas ou de que elas não ofereçam a solução definitiva às vezes nos impede de compartilhar. É por isso que devemos nos arriscar. Se não corrermos o risco de fracassar, não conseguiremos crescer. E geralmente o risco real de fracasso é muito menor do que aquele que percebemos."

Quando você tiver oportunidade, tente de fato fazer isso. É uma maneira excelente, embora um pouco traumática, de trazer à tona os desafios que todos enfrentam quando estão criando ideias. Ao estimular sua equipe para correr o risco de fracassar, de se esfolar, você ajuda a desenvolver uma mentalidade mais inovadora e criativa dentro da organização.

Reflita a respeito de sua mentalidade para assumir riscos

Como sua atitude com relação a assumir riscos molda sua forma de abordar a inovação? Explore essa ideia fazendo a si mesmo as seguintes perguntas:

- Quando foi a última vez que você fez ou disse algo atípico?
- Quem é a fonte de energia e inspiração para você no trabalho? Por quê?
- Qual é o papel da praticabilidade no processo criativo? Qual é o papel do pensamento extravagante?
- Quais são os limites ou as barreiras de segurança do seu processo de criação? (Limites que você possa ampliar e barreiras de segurança que orientem seu pensamento).
- O que aniquila a criatividade?
- Você fala o que realmente pensa — o que **de fato** está em sua mente?
- Qual foi o risco profissional que você enfrentou recentemente? O que o tornou arriscado?
- Como você se desafia no dia a dia?
- Se perdesse o emprego amanhã, o que você faria?
- Quando um erro é intransponível?

Encontre sua paixão

Independentemente de nossos conhecimentos e habilidades, não podemos ter êxito pessoal ou profissional **sem paixão** — o intenso entusiasmo que sentimos por uma atividade que nos leva a atingir novos patamares. As pesquisas de opinião da Gallup normalmente revelam que 50% a 60% da população trabalhadora dos EUA **não se envolve** enquanto está no trabalho.[7] Criamos naturalmente uma barreira entre o que amamos e o que somos pagos para fazer. Todos os dias percebemos sinais sutis que nos levam a evitar a associação entre nossas paixões pessoais e nossas responsabilidades profissionais.

Como líder, você precisa criar oportunidades que permitam à sua equipe compartilhar e utilizar suas paixões pessoais em seus objetivos de trabalho. Uma mudança de mentalidade pode mudar essa lastimável separação entre ambos. Explorando o entusiasmo dos membros da equipe com suas paixões "externas ao trabalho", você pode aliar o talento e energia dessas pessoas com os objetivos empresariais e ajudá-las a concretizar plenamente o potencial que elas têm.

Deixa sua paixão agir

Gostaria de compartilhar com você um método que geralmente utilizo com as pessoas que participam de nossos programas de criação. Eu o chamo de **Paixão em Ação**. O exemplo a seguir foi extraído de uma sessão que conduzi em uma confecção de roupas que estava tentando vender várias marcas para um único varejista. O grupo estava tendo problemas para trabalhar em equipe e melhorar a penetração de vendas em relação a esse varejista específico. Nesse caso, geralmente as marcas individuais atuavam como feudos , e não como uma confecção com várias marcas.

Comecei pedindo aos participantes para que formassem pares e compartilhassem uns com os outros uma **paixão individual** — algo pelo qual sentissem um forte estímulo e desejo de realizar. Sempre que emprego esse método, a energia dentro da sala torna-se contagiante e chega a subir cinco pontos na escala. As pessoas adoram falar sobre — e, mais importante, saber — o que faz com elas e os outros se sintam estimulados. E esse grupo não foi exceção. Uma pessoa falou sobre sua paixão por velejar, esporte que ela aprendeu há muitos anos com um namorado durante suas férias de verão no golfo do México. Outra falou sobre sua paixão por cozinhar, uma habilidade que desenvolveu durante a faculdade, quando trabalhava como subchefe para pagar a mensalidade. Outra compartilhou sua paixão por carpintaria, habilidade desenvolvida durante a infância na oficina de seu avô, nos fundos da casa. Uma delas, que havia estudado balé durante a faculdade, havia sido bailarina amadora. Ela perseguiu essa paixão ainda por muitos anos, como instrutora assistente em uma companhia de dança comunitária.

Depois de alguns instantes de compartilhamento, pedi aos pares que analisassem sua paixão, desmembrando-a em ações ou aspectos que particularmente apreciavam nela. Em enormes folhas de papel *craft* afixadas à parede, eles escreveram as ações, os comportamentos e os aspectos de sua paixão. No caso da bailarina, ela dispôs impecavelmente a lista a seguir (os detalhes foram elaborados durante a discussão de grupo):

- **Exige disciplina e prática.** A disciplina do ensaio ofereceu a essa participante a habilidade técnica que ela utilizava para se expressar artisticamente. Os ensaios ajudaram-na a determinar objetivos alcançáveis e a se esforçar para aperfeiçoá-los. Enquanto aprendia um novo movimento ou aperfeiçoava uma posição em particular, por meio da prática disciplinada, cada sessão contribui para que ela desenvolvesse sua paixão.
- **Exige confiança.** Em um dos momentos mais memoráveis desse exercício, ela falou sobre o nível de confiança que precisava ter em seu parceiro durante os "levantamentos". Ela sabia que, se ela por acaso caísse, ele se sacrificaria para conter sua queda. Esse nível de confiança foi construído com o tempo e fez com que ela sentisse segurança para executar levantamentos elaborados com foco e determinação.
- **É vital e construtiva.** Para ela, a habilidade de comunicar-se artisticamente com os movimentos técnicos da dança era fascinante. Ela conseguia "expressar suas emoções por meio de movimentos corporais que exigem técnica". Esses movimentos, quando combinados, permitiam que ela expressasse emoções complexas, como amor e arrependimento, por meio da dança.
- **É uma celebração de realizações.** A cada momento que um novo movimento era aperfeiçoado, ela e seu parceiro se sentiam mais orgulhosos e realizados. Ocorriam pequenas celebrações entre eles durante o processo. Essas pequenas celebrações culminavam na apresentação final, com o aplauso e reconhecimento do público. Para ela, havia níveis de realização no balé que permitiam celebrações

durante todo o processo de aprendizagem e eram tão importantes quanto a apresentação final.

Depois que os pares expuseram sua lista, reuni novamente o grupo para que cada par compartilhasse sua paixão e sua paixão em ação com todos os presentes. Quando a bailarina falou sobre sua paixão pela dança e por seus componentes, o grupo discutiu de que forma poderiam incorporar aspectos de sua paixão em seus objetivos de trabalho:

- **Exige disciplina e prática.** O grupo comprometeu-se a trabalhar em equipe para desenvolver novas técnicas de venda — até mesmo ensaiando aquelas técnicas em sessões de interpretação de papéis uns com os outros. Eles não desenvolveram uma solução de um dia para o outro. Na verdade, eles trabalharam juntos para desenvolver habilidades menores que precisavam para vender sua linha de produtos para varejistas maiores.
- **Exige confiança.** Com o tempo, por meio do comprometimento em trabalhar como equipe, e não em feudos, o grupo construiu confiança e finalmente foi capaz de atender a todos os objetivos de venda criando uma solução holística de roupas para o varejista.
- **É uma celebração de realizações.** Os membros do grupo comprometeram-se a celebrar suas realizações juntos, tanto as realizações de desenvolvimento que haviam estabelecido para si mesmos na preparação do argumento de vendas final, quanto as de maior volume de vendas que atingiram após o argumento.

Se você conseguir decompor os elementos que compõem suas paixões pessoais, conseguirá fazer o mesmo tipo de correlação com o trabalho que você e sua equipe fazem todos os dias. Nesse processo, você ajudará a alimentar essas paixões pessoais e a fazê-las funcionar a seu favor e em prol tanto de sua equipe quanto de sua organização.

Infunda suas paixões em todas as áreas de sua vida

Sua paixão é um leito de rocha. Você precisa cavar fundo para encontrá-la, conectar-se com ela e construir-se em cima dela. Stew Friedman, autor e professor da Wharton, é a maior fonte de inspiração para a minha ideia de incorporar minhas paixões em minha vida pessoal e profissional. Em seu livro *Total Leadership: Be a Better Leader, Have a Richer Life* (*Liderança Total: Como Obter Sucesso Profissional Enriquecendo sua Qualidade de Vida*), ele nos ensina a articular quatro domínios da vida — **você mesmo**, **seu trabalho**, **sua comunidade** e sua **família**. Friedman não acredita no "equilíbrio entre vida pessoal e vida profissional". Ele afirma que precisamos integrar todos os domínios de nossa vida para que um alimente o outro. "Você pode obter vantagens mútuas entre os domínios", disse-me ele recentemente, "mas a integração é o segredo para explorar o que realmente inspira as pessoas — dar a elas a liberdade de buscar as coisas que são importantes para elas. Como às vezes isso não envolve diretamente seu trabalho de uma maneira evidente, você precisa ser criativo nesse sentido, mas com um esforço coordenado você verá grandes retornos em todos os quatro domínios."[8]

Todos nós temos uma paixão, que guarda memórias, emoções e desejos exclusivos. Essa paixão é uma fonte de energia e direcionamento muito pessoal e importante. Com muita frequência nossas paixões estão completamente dissociadas de nosso trabalho. Mas isso não precisa ser assim. Libertar sua própria paixão em sua vida pessoal e profissional — ou pelo menos utilizá-la para alimentar seu processo de criação — é um passo fundamental para desenvolver uma mentalidade inspirada e criativa.

Você quer ver um exemplo real de alguém que seguiu sua paixão pessoal e integrou-a perfeitamente em seu trabalho? Quando você estiver em Nova York, se dê o presente de parar na *boutique* Vosges Haut-Chocolat. A Vosges pertence a Katrina Markoff, formada na prestigiosa escola de culinária Le Cordon Bleu em Paris e especializada em confeitaria e outras especiarias. Além da culinária, Markoff tem paixão por vivenciar outras culturas. E ela associou essas duas paixões para construir um negócio altamente bem-sucedido.

Em vez de ir trabalhar direto em um dos melhores restaurantes do mundo, como muitos de seus colegas fizeram, Markoff passou oito meses viajando ao redor do mundo, estagiando em diferentes restaurantes, tentando encontrar inspiração para novas e exóticas combinações de sabores. Ela também encontrou inspiração em arquitetura, religião e rituais. E logo começou a criar chocolates. As experiências que ela obteve ao seguir sua paixão deram origem a combinações de sabores inesperadas e inspiradas que são interpretadas como o diário de viagem de um explorador: gengibre, *wasabi* (raiz-forte japonesa), sementes de sésamo negro e chocolate amargo; *goji* tibetano, sal rosa do Himalaia e chocolate ao leite; pimenta *pasilla* e *guajillo* de Oaxaca com chocolate meio amargo da Tanzânia; azeitonas Kalamata e chocolate branco venezuelano. Essa lista é longa. E Markoff está sempre caçando novas combinações.

Quando Markoff utilizou sua paixão pelas diversas culturas mundiais em seu trabalho — **doces** —, ela encontrou uma vida gratificante e uma vantagem estratégica. O que a princípio era uma coleção de trufas exóticas transformou-se em várias linhas de produtos e lojas e em uma missão global. A Vosges utiliza energia renovável, trabalha com grupos ambientais e organizações comunitárias de grupos de base e tenta transpor barreiras culturais. Tudo com chocolate. A paixão de Markoff se irradia por meio da declaração de missão da Vosges: "Se conseguirmos adotar a ideia de experimentar algo novo, como a enigmática singularidade do *curry* e do chocolate, possivelmente estaremos mais próximo de trazer paz para o mundo por meio do chocolate. Um amor, um chocolate."[9]

Destile a essência em uma única palavra

A maneira mais simples de se conectar com sua paixão e a paixão de outras pessoas é por meio do que chamo de ***oneword*** ("uma palavra"). Pergunte a si mesmo: "Se eu pudesse escolher apenas uma palavra que me personaliza completamente, qual seria ela?".

Na primeira tentativa todos dizem "diversão" ou "família". Contudo, se você pensar suficientemente sobre isso, é provável que encontrará algo muito menos genérico. Qual é a palavra que representa sua essência pessoal ou seu "estilo" de uma forma mais exclusiva? O que o diferencia? O que o estimula e envolve? Geralmente essa palavra simboliza sua paixão.

Com frequência emprego o ***oneword*** com grandes grupos de líderes como uma espécie de catalisador para desencadear um diálogo. Em vez de "Oi, sou Joe Smith, vice-presidente sênior de vendas e *marketing* para a divisão de plásticos", a conversa poderia se iniciar com: "Oi, meu nome é Joe Smith, e 'minha palavra' é **alpinista.**"

Normalmente, quando as pessoas começam a falar sobre sua palavra, tenho dificuldade para fazê-las parar. Quando elas se conectam com suas paixões e as compartilham com os outros, liberam um potencial de energia inexplorado. O direcionamento dessa energia para seus sonhos profissionais e seus deveres diários requer prática, mas isso pode render excelentes frutos nos negócios.

O *oneword* é um conceito extremamente eficaz, e adoraria obter todo o crédito por tê-lo criado. Mas a verdade é que esse lampejo veio de minha sogra. Certa manhã, comendo cereais e tomando suco de laranja natural, ela se debruçou sobre a mesa e disse: "Mesmo depois de todas as nossas conversas desde que nos conhecemos, ainda não descobri qual é sua essência. Qual é **a** palavra (*the one word*) que o define completamente?". Essa pergunta simples conseguiu mudar minha forma de trabalhar.

O fato de termos incorporado algo que minha sogra disse na forma como dirigimos nossa empresa é outra prova de que a inspiração para criar e inovar não provém de fórmulas secretas, algoritmos complexos e caixas--pretas. Sob vários aspectos, é o desatrelamento do senso comum.

Desenvolva "paixões de negócio"

Eu procuro e me circundo de **pessoas apaixonadas**. Muitas delas trabalham comigo; outras são mentoras e uma fonte extraordinária de inspiração. Costumo chamá-las de **"paixões de negócio"**, e tenho centenas — você leu a respeito de algumas dessas paixões neste livro, mas existem muitas, muitas outras (e você sabe quais são as suas).

As paixões de negócio nos acertam em cheio exatamente como as paixões amorosas que sentimos aos 13 anos de idade. Você sente um frio na barriga. Você se desvia de seu caminho apenas para vê-las de relance. Você tenta topar com elas e demora um pouco mais no corredor quando percebe que elas se aproximam. Você tropeça nas palavras porque elas são muito especiais, ao mesmo tempo fascinantes e interessantes. Você quer saber sobre elas e conhecê-las melhor. Seu coração dispara só de ver seu nome em um convite no Outlook. **Por quê?** Porque as paixões de negócio liberam suas paixões. Elas possibilitam que você seja o máximo de si mesmo. Seu eu mais verdadeiro. Elas o inspiram não pelo fato de serem pessoas de negócio, mas porque estão nos negócios. Sempre aprendo uma lição quando converso com uma de minhas paixões de negócio, e isso me torna uma pessoa melhor em todas as áreas de minha vida — pessoal, profissional e em outros contextos.

Quem são suas paixões de negócio? Tenho certeza que você tem algumas. Se sim, envie-lhes uma mensagem curta de vez em quando, para lhe dizer o quanto elas o inspiram. Compartilhe suas ideias. Colabore e extraia inspiração dessas pessoas. Mencionei algumas delas em meus agradecimentos — isso mostra o quanto elas são importantes.

Grãos voadores

Gilles Barathier tem duas grandes paixões — **máquinas** e a**perfeiçoar as coisas**. Para a sua felicidade, ele é responsável por aumentar a eficiência em uma fábrica de ração para cães e gatos em St. Denis de l'Hôtel, na França, para a Mars Incorporated (a Mars não fabrica apenas doces).

Quando os funis que enchem os sacos de ração começaram a sofrer entupimentos regulares, Gilles saiu a trabalho para buscar uma solução, mas não no ambiente da fábrica ou de seu setor, tampouco junto a seus colegas. Ele procurou inspiração em sua ex-profissão como mecânico de aviação e encontrou a resposta em sua paixão pela física de voo dos helicópteros. O efeito vórtice (turbilhão), criado pelos rotores de um helicóptero, inspiraram a nova abordagem que Gilles aplicou ao processo de enchimento dos sacos de ração.

Em vez de simplesmente despejar a ração na parte superior do funil, e torcer para que os grãos não provocassem obstruções em seu trajeto até o saco, Gilles criou uma dinâmica semelhante à de um helicóptero injetando um pequeno jato de ar dentro do cone. A circulação de ar resultante permitia que os grãos de ração rodopiassem pelo funil até entrarem no pacote, de uma maneira mais homogênea do que antes. Essa técnica não apenas resolveu o problema de obstrução, mas aumentou a velocidade geral da linha de produção da fábrica.

À primeira vista, a física de voo dos helicópteros e a de empacotamento de ração não parecem estar relacionadas, mas Gilles seguiu sua paixão por voo e encontrou uma inovação improvável.[10]

REFLITA

Pense sobre suas paixões pessoais e profissionais

Se você pensar sobre como a paixão atua em sua vida, conseguirá associar muito mais facilmente as características mais importantes de suas paixões pessoais ao seu trabalho. Vá em frente, tente. Para começar, faça as seguintes perguntas:

- Qual é sua paixão?
- Qual é sua paixão em ação?
- Como você pode incorporar uma maior quantidade desses elementos em seu trabalho durante 24 h por dia, 7 vezes por semana e o ano todo?
- Até que ponto sua "personalidade profissional" (no trabalho) é semelhante à sua "personalidade pessoal" (em casa)?
- O que lhe dá energia diariamente?
- Para o que você sempre reserva tempo que lhe proporciona prazer?
- Quanto você conhece seus colegas de trabalho?
- O que você gostaria de fazer se estivesse aposentado?
- Há algo sobre você que surpreenderia seus colegas de trabalho se eles soubessem?
- O que você gostaria de fazer no trabalho que tecnicamente não faz parte de sua função?
- No trabalho, você é preto no branco, cinza ou tecnicolor?
- Você ama o que faz? Por que/por que não?
- O que a integração trabalho/vida pessoal significa para você?

Desenvolva sua tolerância à confusão: conteste suposições e aceite a ambiguidade

Quanto tempo você oferece a si mesmo para desenvolver novas ideias? Em geral, as pessoas não se sentem confortáveis com a ambiguidade de não ter imediatamente uma ideia ou solução para determinada situação. Para acabar com esse **desconforto**, criamos uma ideia rápida e a utilizamos. Normalmente, essas ideias são "frutos fáceis de colher", ou seja, porções de ideias reprocessadas ou recicladas que não são novas nem originais. Por exemplo: "Se isso funcionou no trimestre passado, funcionará novamente neste trimestre, isto é, não é preciso reinventar a roda." Enquanto catalisador de criatividade, você precisa permitir que sua equipe gere novas ideias e explore algumas dessas ideias antes de escolher a solução, o que chamo de **tolerância à confusão**.

Pare de correr e reserve um tempo para encontrar opções

Minha chegada a Chennai na Índia, em 2007, me provocou um sério choque cultural. Perdi a conta do número de conexões que tive de fazer e, quando o avião aterrissou, estava atordoado com o fuso horário e fiquei fora de mim. Kannon, o motorista do hotel, esperava por mim e pelo meu colega Ben Armbruster no aeroporto e seguimos para o centro da cidade. Foi um trajeto angustiante. Enquanto Kannon costurava entre os carros — aparentemente desatento à pista ou aos outros veículos — em nenhum momento diminuiu a velocidade. Nem mesmo nos sinais vermelhos.

Quando finalmente atravessamos o tráfego do centro, e recuperei minha capacidade de falar, perguntei a Kannon sobre os sinais vermelhos. Ele respondeu rapidamente, nunca desviando os olhos da pista: "Aqueles não são bons semáforos, senhor. Eu paro nos semáforos importantes."

Assim que chegamos com segurança ao hotel, fizemos o *check-in* e saímos imediatamente para uma caminhada. Por mais assustador que tenha sido estar dentro de um carro em alta velocidade, não precisamos de muito tempo para perceber que estar em um carro não era ainda a pior coisa. Estávamos numa cena de completo caos. Riquixás motorizados, ônibus, carros e motocicletas disputavam o espaço. Crianças pequenas e cachorros surgiam das vielas. Vacas, elaboradamente enfeitadas para o festival de colheita de Pongal, canas-de-açúcar mastigadas por todos os cantos e pedaços jogados nas ruas. A abundância de vendedores ambulantes e as árvores cobertas de folhagens forçavam os pedestres a sair da calçada e caminhar pelas ruas. Um riquixá passou tão perto de mim que pude sentir o cheiro do suor do motorista. E, obviamente, ninguém prestou nenhuma atenção ao sinal vermelho no qual estávamos aguardando para atravessar. Vermelho. Verde. Vermelho. Verde. Nada mudou, exceto a cor do sinal.

Quanto mais esperávamos, mais determinados ficávamos a atravessar a rua e conhecer o bairro. De minuto a minuto, um de nós tentava colocar o pé para fora do meio-fio e era então puxado de volta pelo outro. Finalmente, vimos um pequeno espaço entre dois ônibus e corremos depressa. Quase não conseguimos. Em Chennai, uma coisa tão simples quanto atravessar a rua era um **esporte radical**. Fiquei surpreso por não ver a rua cheia de pessoas mutiladas.

Percorremos um quarteirão ou dois, mas o calor abafadiço, a desidratação e o cansaço nos atingiram, e então resolvemos dar meia-volta. Respirando fundo, corremos para atravessar a rua, arriscando a vida por um banho quente e uma cama macia.

No dia seguinte, perguntei a Kannon se havia muitos acidentes com pedestres. "Não senhor", ele disse. "É muito seguro", complementou. Contei a ele sobre nossa aventura para atravessar a rua e que quase morremos. Duas vezes. Ele deu um sorriso largo e gracejou. "Norte-americanos ingênuos", disse ele. "Você não corre entre os carros em Chennai. Você caminha. Assim, os motoristas podem estimar sua velocidade e direção. Eles desviarão de você. Eles não querem atropelá-lo. Mas se você correr... bom... aí eles provavelmente o atropelarão", explicou Kannon.

Posteriormente, naquele mesmo dia, eu e meu colega decidimos testar o conselho de Kannon. Como você pode imaginar, precisamos de uma fé fenomenal, completamente contrária aos nossos sanos instintos. O emaranhado de caminhões, motocicletas, limusines e riquixás simplesmente se abriu enquanto nós, hesitantemente e lentamente, caminhamos em direção ao outro lado da avenida.

Estou lhe contando essa história por muitos motivos. Primeiro, ela oferece imagens significativas e um pouco de tensão, o que é divertido. Segundo, é uma excelente analogia com o que está ocorrendo com os líderes hoje. Basicamente, somos treinados para buscar a solução que faz mais sentido e correr atrás dela — com afinco. Finalmente, essa história mostra a importância de você **mudar de mentalidade** e não ficar preso a uma única "solução". Os líderes de negócios raramente contestam suas suposições ou dedicam tempo suficiente para explorar alternativas — especialmente aquelas que parecem absurdas. Contudo, se você quiser atravessar a rua em Chennai, na Índia, ou se quiser ir

Vá procurar

Se eu lhe dissesse "Vá procurar", o que você faria? Essa ordem é muito ambígua, mas tive uma boa impressão do exercício de aceitação de ambiguidades quando trabalhava com um colega de uma grande empresa de bebidas. Certa ocasião, ele deslocou aproximadamente 200 pessoas para o gramado em frente ao Ritz-Carlton Hotel; disse que finalmente havia encontrado o clima que estava procurando e queria que o aproveitássemos também. Outra vez, ele saiu da reunião e voltou meia hora mais tarde com... um cliente. Ele havia encontrado alguém adequado ao perfil demográfico pretendido da empresa e pediu para que se juntasse a nós. Esse homem cordial e interessante passou duas horas com nossa equipe e até almoçou conosco. Para experimentar de perto a investigação de possibilidades e a aceitação de ambiguidades, vá procurar — encontre o clima, o cliente ou qualquer coisa que apareça em sua frente.

REFLITA

além das fontes óbvias de inovação e começar a pensar de maneira diferente, você precisará dar o primeiro passo. Não será fácil — embora criar uma mentalidade capaz de conduzi-lo à inspiração torne isso muito mais simples — e exigirá um pouco de confiança.

Exercite sua tolerância à confusão

Sempre me empenho para contratar pessoas inteligentes e talentosas, e achamos que nunca é cedo demais para começar a mudar o mundo. Por isso, quando Ben Armbruster e Barry Saunders (ambos já citados em outras histórias) começaram a trabalhar na Play, eu os apresentei aos outros integrantes da equipe, ofereci algumas dicas de excelentes lugares para almoçar e os coloquei para trabalhar. "Precisamos reformular uma conferência para alguns profissionais do *marketing* de uma empresa listada na Fortune 100", disse. "Vocês têm 90 minutos para criar 500 ideias", completei.

Ben e Berry ficaram um pouco surpresos e me cobriram de perguntas: "Quantas pessoas participarão da conferência?", "Que tipo de empresa é essa?", "Qual é a dinâmica de mercado dessa empresa?", "Qual é o conteúdo da conferência?", "Quais são os resultados esperados?".

Mas não ofereci nenhuma outra instrução. "Vocês já estiveram em muitas conferências, sabem como elas são. **Reformule-as!** Agora vocês só têm 88 min", disse.

Ben e Berry se reuniram em uma cafeteria local em Richmond e começaram a gerar um grande volume de ideias. As primeiras 100 ou algo perto disso eram exatamente o que você poderia esperar de dois indivíduos em seu primeiro dia de trabalho, preocupados em achar a solução perfeita. Encontrar um espaço diferente. Dispor as pessoas em um grande círculo. Convidar palestrantes "não convencionais". Oferecer blocos de anotações com capa de couro e canetas bonitas em vez de blocos de anotações de hotel e canetas normais etc.

Mas quando eles chagaram ao número 400, as ideias começaram a ter uma qualidade diferente. O encontro será realizado em um trem. Deveria ser um circo com elefantes. Os participantes devem aprender a operar submarinos nucleares reais e participar de um jogo de guerra. O nudismo deve ser permitido. Eles devem transformar toda a conferência em um canal de notícias 24 h e ninguém poderá dormir. O diretor executivo deve percorrer a Costa Leste em uma limusine estendida e apanhar todos os participantes.

Essa foi a primeira experiência de Ben e Berry nesse processo. Quando eles eliminaram o filtro da "solução perfeita", encontraram um território completamente novo — e muito mais criativo. Mais ou menos 450 ideias não eram realistas, obviamente, mas aquela sobre o diretor executivo e a limusine foi uma das que nosso cliente adorou. Os participantes precisavam entender que os altos executivos importavam-se com sua presença na conferência. Eles estavam investindo em seu desenvolvimento profissional.

Assim, em vez de enviarem um *e-mail* convencional ou um convite pelo Outlook, os executivos redigiram bilhetes personalizados, expressando a importância do crescimento e da aprendizagem na conferência. E a moral dessa história é que os participantes realmente se sentiram mais comprometidos durante a conferência. Compartilharam o que aprenderam com suas equipes e, quando voltaram para o escritório, utilizaram aquelas oportunidades para ajudar a desenvolver aqueles que não haviam participado da conferência. Não acho que teríamos tido essa ideia algum dia se Ben e Barry não tivessem superado a necessidade de encontrar uma solução rápida e óbvia.

Utilizamos a mesma abordagem quando uma empresa gigante da área de comunicação nos EUA nos convidou para ajudá-la facilitar a integração de três divisões diferentes de vendas. As organizações não estavam se dando bem; comunicavam-se insuficientemente e sempre discutiam sobre orçamentos limitados. A alta administração da empresa reconheceu que eles precisavam de um novo método de trabalho em conjunto e de um nível de intimidade diferente.

Nossa equipe não procurou uma solução rápida. Em vez disso, geramos mais de 300 ideias e decidimos experimentar a ideia 208, com variações: "Realizar a conferência em uma cama gigantesca para que as pessoas se conhecessem de uma forma diferente." Para pôr essa ideia em prática, levamos dezenas de camas para o salão de baile de um hotel e levamos pessoas de cada divisão para participar das reuniões em um ambiente aconchegante. Cara, eles de fato começaram a se conhecer — ainda melhor, as diferentes equipes começaram a trabalhar mais eficientemente em grupo. Eles tiveram um momento de inspiração coletiva que os forçou a reavaliar sua maneira de comportar e interagir.

Como acabamos de ver, a alternativa mais simples para aumentar sua tolerância à confusão é mudar sua forma de abordar o desenvolvimento de ideias. Em vez de se concentrar nisso com o objetivo específico de encontrar uma ou duas ideias que promoverão o crescimento ou melhorarão o desempenho, encontre 50. Ou 100. E não pare até criar uma extensa lista — mesmo que você ache que a ideia 27 é a melhor.

Entretanto, se a perspectiva de gerar um número específico de ideias for muito intimidante, experimente especificar um limite de tempo — por exemplo, 30 ou 10 min. Especifique o tempo e não pare até cumprir sua meta, independentemente da quantidade de ideias brilhantes que você tiver. No princípio, a busca de ideias tem a ver com quantidade e não com qualidade. Você pode utilizar o filtro que quiser para avaliar a lista posteriormente. Se você parar quando acreditar que tem uma ideia vitoriosa, nunca chegará à oportunidade de ampliar seus horizontes. Então procure me acompanhar nesse sentido e acredite no processo.

O processo de desenvolvimento de ideias é também um esporte de equipe, e o sucesso de sua equipe depende da identificação do equilíbrio certo entre os níveis de tolerância à confusão dos membros. Todos temos um nível diferente de tolerância. É claro que você pode pender a balança mais para um lado do que para outro, mas é importante que saiba

Não existem absolutos

Há quase dez anos, estava em Trondheim, na Noruega, com David Storkholm, da KaosPilot International, escola de *design* da Dinamarca. Era um dia lindo e ensolarado. Estávamos caminhando pela orla, refletindo sobre a grande experiência que havíamos acabado de ter e conversando sobre inovação com uma equipe de executivos da Staat Oil, quando então senti algo cair na viseira do meu boné de beisebol. Com medo de ter sido atingido por um pássaro, examinei cuidadosamente meu boné e percebi que era apenas uma gota de chuva. Uma gota enorme. Logo em seguida fomos atingidos por dezenas de gotas do tamanho de uma bola de golfe, embora não houvesse nenhuma nuvem no céu. Fiquei perplexo. Storkholm disse: "Andy, esperava mais de você, não existem absolutos." Ele me explicou que as nuvens estavam tão distantes que não podiam ser vistas e que a chuva propagava-se pelo céu azul em nossa direção. Não sou meteorologista, mas esse momento me impressionou consideravelmente. Não existem absolutos. Chuva com céu azul.[11]

REFLITA

em que ponto você e sua equipe estão ao longo do espectro. Você é um pensador divergente que gera possibilidades? Um pensador convergente que tem o talento de desenvolver as melhores ideias e transformá-las em realidade? Uma mistura dos dois? Quando você identificar em que patamar está, procure outras pessoas que para ajudá-lo a se equilibrar.

Os negócios modernos prosperam com a velocidade — mais rápido, mais breve, mais barato — e somos recompensados por encontrar uma solução o mais rápido possível. Porém, se você deseja ter uma mentalidade criativa, deve dar um grande passo atrás, colocar de lado seus preconceitos, parar de procurar solução uma rápida ou fácil e começar a considerar inúmeras outras opções.

Bem, agora é a sua vez. Quais são as 100 ideias para sua empresa? Estou falando sério, você consegue relacioná-las?

Pare de procurar soluções

Durante uma de minhas primeiras (e sempre inspiradoras) visitas à Dinamarca, para passar uma semana colaborando com o pessoal da KaosPilot International — e seu entusiasmante impulso para o pensamento criativo —, eu e meu colega Courtney reservamos um dia no final da viagem para procurar inspiração. Pedimos uma sugestão a algumas pessoas da KaosPilot. Sem hesitar por um segundo, eles disseram: "Henning. Vocês têm de falar com Henning." E em seguida nos passaram o endereço do Instituto Tecnológico da Dinamarca.

Quando chegamos ao instituto, fomos recebidos por Henning Sejer Jakobsen, um senhor expansivo que se parecia exatamente com o personagem doutor Brown do filme *De Volta para o Futuro* — cabelo desordenado, olhos grandes, jaleco e tudo mais. "Vocês são os norte-americanos que estão interessados em criatividade?", perguntou ele. Antes que respondêssemos, ele começou a caminhar, e corríamos para alcançá-lo enquanto ele percorria um labirinto de inovações impressionantes. Cadeiras suspensas no teto e uma mesa feita inteiramente de palitos de dente. Pôsteres na parede com discussões sobre criatividade em dezenas de idiomas. Uma coisa de louco.

Ele nos deixou aguardando em seu escritório pequeno e abafado durante mais ou menos 40 min — provavelmente para testar nossa **tolerância à confusão** — e depois entrou depressa na sala. Já estávamos perplexos, mas ficamos ainda mais quando Henning interrompeu-se no meio da frase e disse: "Se alguém em uma de minhas sessões de criatividade me oferece uma solução rapidamente, peço para que saia!". "Por quê?", perguntamos. Sua resposta nos esclareceu a importância da tolerância à confusão: "O que procuro primeiro são pensamentos, que me conduzem a ideias, que então me levam à solução." Ele explicou que **criatividade consiste em criar possibilidades**, explorar fontes múltiplas de inspiração, e não soluções. Concentrar-se cedo demais na busca de uma solução aniquila o processo.[12]

Lembre-se de que você não tem todas as respostas

Quantos executivos se irrompem em uma reunião, oferecem uma diretriz e se calam tão rapidamente quanto começam a falar? Quantos pedem sua opinião e o interrompem no meio de sua primeira frase para expressar um ponto de vista predeterminado? Quantos acham que suas próprias ideias, e apenas as deles, são as únicas que importam? A resposta para todas essas três perguntas é: "muitos".

Um amigo meu, diretor executivo de uma empresa, adota a direção contrária. Ele acredita firmemente que qualquer ideia, a qualquer hora, criada por qualquer pessoa, pode mudar o futuro. Por isso, ele passa longo tempo escutando o que os outros têm a dizer. Ele carrega um pequeno cartão no bolso que diz: **"Eles podem estar certos."** E o segura em sua mão enquanto ouve. Isso faz com que o tom da conversa seja equitativo, verdadeiro e autêntico, e os resultados são valiosos.

REFLITA

Evite o alto custo das suposições incontestadas

Kishore Biyani não pretendia gastar dezenas de milhares de dólares para melhorar as instalações de cada uma de suas novas lojas Big Bazaar e Food Bazaar na Índia. Ele só queria aumentar a experiência de compra nesse lado do mundo, oferecendo aos clientes o que ele imaginou que eles desejavam. Existe uma maneira melhor de fazer isso do que introduzir o modelo moderno de conveniência e opções na Índia?

Nas lojas de Kishore havia muitas comodidades modernas. Corredores bonitos e amplos, ótima iluminação e prateleiras bem ordenadas. Tinham ar-condicionado, eram limpas, tranquilas e organizadas. Na verdade, as lojas se pareciam muito com as do Walmart, que foi criado há milhares de quilômetros de distância por um dos ídolos de Biyani, Sam Walton.

Inspirado no modelo de Walton, Biyani abriu sua própria rede de hipermercados na Índia, mas ele se surpreendeu com a reação inicial de seus clientes. Eles entravam, davam uma olhada e saíam. **Por quê?** Não era por falta de mercadoria — tudo o que os clientes poderiam encontrar no mercado local podia ser encontrado em suas prateleiras, exceto que as prateleiras eram mais organizadas e limpas e os produtos mais fáceis de encontrar e de comprar. Por que, então, os mesmos produtos em um ambiente melhor não seriam atraentes?

Ele assim se deu conta de que havia construído seu modelo de negócio com base em uma suposição que se revelou completamente falsa — de que o modelo ocidental do Walmart faria sucesso na Índia. Seus clientes não queriam algo moderno e mais eficiente; eles queriam o que era familiar. Seus clientes potenciais não sabiam nem sequer como comprar no ambiente que ele havia criado para eles. O lugar era demasiadamente diferente, muito limpo, muito organizado. A maioria dos clientes estava acostumada com o ambiente lotado, tumultuado e caótico dos mercados indianos. Nesse contexto, comprar significa caçar, pechinchar, inclinar-se e fuçar nas cestas, e disputar com os outros clientes os melhores produtos.

Algo muito semelhante ao que você vê em uma loja de departamentos nos EUA no final de uma grande promoção.

Biyani teve excelentes ideias, mas para objetivos errados. Ele não poderia criar um modelo de venda de sucesso para seus clientes recriando o modelo norte-americano. Quando ele se deu conta de seu equívoco, dispôs-se rapidamente a realizar mudanças em suas lojas e explorar o que seus clientes esperavam (mesmo que isso significasse fazer coisas que pareciam absurdas). Para criar a sensação de ambiente tumultuado e lotado, ele mudou o formato retilíneo dos corredores e estreitou as extremidades para que assim os carrinhos de compra e as pessoas formassem um congestionamento. Além disso, desligou o ar-condicionado em algumas lojas. E impediu a limpeza das vitrinas. Se os clientes gostavam da dificuldade de encontrar um produto, então ele colocava os produtos ruins sobre os bons. Se poder sentir a qualidade dos grãos com as mãos era a forma de sentir seu frescor, ele os tirava das embalagens. Se **caos** significa **pechincha**, ele **promovia o caos**. Biyani contratou mais funcionários e começou a utilizar megafones para anunciar promoções momentâneas, na linguagem local. Se alguém cuspisse no chão, ele deixava o chão sujo por um tempo, em vez de limpá-lo rapidamente. Se uma lâmpada queimasse, ficava assim.

Essas mudanças tiveram repercussão entre os clientes e em pouco tempo a promoção anual de seu Big Bazaar tornou-se tão popular, que a polícia ficava a postos para acalmar possíveis tumultos. Ao contestar sua ideia inicial de seguir o modelo de Walton, Biyani encontrou uma oportunidade real: misturar hábitos de compra culturais em um moderno ambiente de varejo que oferece familiaridade com a loja, eficiência operacional e melhores margens de lucro.[13]

As suposições incontestadas desorientam seu pensamento criativo? Que tipo de suposição você utiliza no processo de tomada de decisões? Se você não se sente tranquilo para contestar suas suposições, correrá o risco de perseguir apenas as possibilidades erradas ou de encontrar soluções extremamente inadequadas à situação em questão.

Reflita sobre sua capacidade de desenvolver sua tolerância à confusão

Como você responderia as perguntas a seguir? Pense por alguns minutos.

- Vá procurar. (Como você reagiria diante dessa ordem?)
- Que palavra você prefere: **ideias, possibilidades ou soluções?**
- Você gosta de decidir ou de criar?
- Imagine-se morando no exterior por um ano. Onde você gostaria de viver e por quê?
- Quantas ideias você tem diariamente?
- Pense em suas últimas férias. Qual era o nível de estruturação de seu itinerário?
- Quando você sai para fazer compras, prefere procurar ou comprar imediatamente?
- Qual é o papel da tomada de decisões no processo criativo?
- Quando você sai para caminhar, planeja antes seu trajeto?
- Você prefere trabalhar sozinho ou em equipe?

Criando um crânio por dia

Nunca tive oportunidade de ver uma expressão melhor para essas disciplinas de mentalidade do que quando trabalhei com o artista plástico e amigo Noah Scalin.

Noah assumiu um desafio: criar uma interpretação artística de um crânio utilizando um novo material diariamente, durante um ano. Todos os dias Noah criava um *design* diferente com um material diferente — desde um sabonete a uma sola de sapato — e postava os resultados em seu *blog*.[14] Seu desafio representa nossos quatro princípios de criatividade:

1. **Mude de perspectiva** — Trabalhar com amigos e colegas em um meio diferente forçou Noah a explorar, aprender e aplicar novas perspectivas ao seu trabalho. Com que frequência você utiliza perspectivas divergentes em seu projeto ou objetivo?

2. **Arrisque-se** — A experimentação de novos meios permitiu que Noah fizesse ensaios e se arriscasse. Quantas vezes você se permite encarar um desafio utilizando um método não familiar e ainda não comprovado?
3. **Encontre sua paixão** — Passar quatro horas por dia trabalhando em um projeto alimentou a afeição de Noah pela arte, por aprender e por criar. Com que frequência você infunde suas paixões pessoais em seus objetivos?
4. **Desenvolva tolerância à confusão** — A cada dia, Noah encarava seu desafio com apenas duas certezas: 1ª) ele tinha apenas 24 h para criar algo novo; 2ª) ele trabalhava com um meio no qual não tinha profundo domínio (por exemplo, fazer pão). Quantas vezes você permite que uma inovação seja interrompida por análises, em vez de confiar no processo e criar algo do zero?

Enquanto você pensa sobre o projeto de Noah (veja a nota 14), reflita sobre as ideias de criatividade e a disciplina de inspiração desse artista. Para avaliar sua mentalidade criativa, responda as seguintes perguntas:

- Você tem total consciência da inspiração à sua volta que pode gerar uma solução de negócios?
- O que você pode fazer todos os dias para se tornar mais criativo e ter ideias para seus desafios exclusivos?
- Qual a pior coisa que pode ocorrer se uma de suas ideias não for uma solução definitiva?
- O que você tem paixão por criar? Valor? Ideias? Relacionamentos? O que mais?

Tudo bem, agora é sua vez...

No decorrer deste Capítulo, pedi para que você pensasse sobre questões relacionadas à sua mentalidade e à de sua equipe em termos de **inspiração**, **criatividade** e **inovação**. Antes de passar para o próximo tema, "**mecanismos**", pare por um minuto para pensar sobre sua mentalidade como um todo e em seguida responda estas perguntas:

- Quantos minutos por dia você reserva para criar possibilidades em vez de soluções?

- Sua equipe procura primeiro uma única resposta ou se dedica a reunir as 100 ideias mais promissoras em relação a um determinado objetivo?
- Quando foi a última vez que você buscou inspiração tangencial e abstrata?
- As pessoas precisam iniciar suas perguntas com a frase: "Preciso fazer uma pergunta idiota..."?

CAPÍTULO 3

Mecanismos

Os mecanismos são as ferramentas e os processos que animam sua criatividade e inovação.

Com a leitura dos dois primeiros capítulos, provavelmente você já começou a desenvolver a **atmosfera** e a **mentalidade** mais propícias para motivar sua inspiração. Agora falaremos sobre como traduzir essa inspiração em ideias. Faremos isso por meio de **mecanismos**.

Neste Capítulo, você aprenderá a utilizar ferramentas e processos, não há dúvida. Contudo, quando emprego a palavra "**mecanismos**", não estou me referindo apenas ao seu sentido tradicional. Durante muito tempo acreditei que algumas das ferramentas e técnicas mais eficazes não são na verdade ferramentas e técnicas. Elas estão mais para uma estrutura de referência, um estado de espírito, uma filosofia. Com um pouco de tempo e prática, o domínio sobre mecanismos filosóficos e determinadas formas de pensar poderão ajudá-lo a impulsionar a inovação e a criatividade.

A transformação de ideias em inovação envolve quatro passos:

1. Desenvolver um contexto no qual seja possível criar.
2. Gerar ideias.

3. Filtrar as ideias.
4. Criar um esquema que ajude a implementar as melhores ideias.

Antes de mergulhar de cabeça nesses quatro passos, paremos por um momento para examinar mais de perto a relação entre inovação e ideias.

Coloque as ideias em seu devido lugar

Para começar, é importante que todos estejam de acordo sobre o significado exato da palavra **ideia**. Para o nosso propósito, imagine uma ideia como uma frase simples que expressa um objetivo e um meio para concretizá-la:

"Com o objetivo de ______, farei ______."

Por exemplo:

- Com o objetivo de aumentar a retenção de funcionários, aumentaremos o envolvimento.
- Com o objetivo de afastar um concorrente, criaremos um novo modelo de negócio.
- Com o objetivo de aumentar nossa participação de mercado, lançaremos novos produtos.

Como disse — uma frase simples. Mas tenha cuidado. Frases como: "Seria realmente bacana se pudéssemos abrir uma segunda loja" e "Tiraremos nossos concorrentes do mercado" **não** são ideias. São objetivos. E ainda que os objetivos sejam bons, eles não são contestáveis. As ideias são. A frase que expressa a ideia precisa indicar qual será a ação e por que você a fará.

Utilize ideias e inovações de todas as dimensões

Um dos segredos para entender o que é **inovação** é saber que ela ocorre em várias dimensões. A inovação com frequência está associada a grandes ideias revolucionárias como o *iPod*, *Ipad* e *tablets* e os automóveis híbridos, mas algumas inovações podem ser pequenas. E muitas inovações pequenas podem contribuir consideravelmente para o crescimento e a mudança. As inovações se apresentam em uma variedade de invólucros, mas suas três principais modalidades são:

- **Inovação incremental.** Refere-se a pequenas mudanças que podem levá-lo a perguntar: "Por que não fizemos isso desde o início?" ou "Como não havíamos pensado nisso?". Veja um exemplo: você se lembra de quando os aromatizadores de ambiente eram oferecidos em único formato e com apenas uma essência — o clássico aroma antisséptico de lisol? Com o tempo, alguém acabou pensando em desenvolver novas essências como *Mountain Breeze* e *Crisp Linen*. Essa pequena mudança em um produto já existente gerou um crescimento no mercado como um todo. O mesmo produto com cor, tamanho ou essência diferente. As inovações incrementais geralmente requerem pouco investimento de recursos.
- **Inovação revolucionária.** Essas inovações criam uma mudança marcante em um produto, serviço ou processo e ao mesmo agregam valor. Normalmente, elas requerem maior pesquisa, desenvolvimento e investimento. Por exemplo, um pesquisador ou engenheiro de produtos, ao constatar que a fragrância do aromatizador de ambiente dissipa-se rapidamente, pensou: "E se o aroma pudesse ser borrifado continuamente?". Foi assim que nasceu o aromatizador elétrico, um produto que agrega múltiplas ideias de inovação — eletricidade, ventilador, automatização e desodorização contínua. As inovações radicais ultrapassam nossos limites e podem nos fazer sentir um pouco desconfortáveis, mas elas sempre estão relativamente próximas de nossa principal atividade de negócio.
- **Inovação transformacional ou disruptiva.** As inovações transformacionais revolucionam uma organização ou criam uma

mudança de paradigma em um setor ou mercado. Elas podem dar origem a uma nova categoria ou a um mercado totalmente novo. Pense em iTunes, eBay ou Craigslist. Ou na lâmpada, no automóvel e na energia nuclear. Ou, para continuar com o exemplo anterior. Considere as tecnologias que utilizam aromatizadores diretamente em pisos e roupas. Essas tecnologias redefiniram uma atividade de negócio que antes produzia bens de consumo embalados; agora os fabricantes de tecidos podem entrar no negócio de aromatizadores de ambiente e vice-versa. Em um primeiro momento, ideias transformacionais como essa podem parecer assustadoras e infactíveis — elas exigem **tempo**, **energia**, **liderança** e **visão** —, mas podem também oferecer as melhores recompensas.

Quando falamos com nossos clientes a respeito de ideias para gerar inovação, geralmente dizemos coisas como: "Precisamos de uma ideia transformacional, uma ou duas ideias revolucionárias e de algumas ideias incrementais dispersas." Sua vida e seu trabalho também requerem inovações e ideias de todos os tipos e magnitudes. Lembre-se de que cada um desse três tipos de inovação, até mesmo a mais incremental , pode ter um imenso poder, e essas categorias podem ajudá-lo a organizar seu *pipeline* (fluxo) de inovação. Crie um portfólio misto com diferentes ideias que exijam recursos distintos e uma velocidade diferente para introdução no mercado e ofereçam uma possibilidade de impacto também diferente para que você não fique para trás se um grande investimento em uma ideia transformacional não surtir efeito.

Neste Capítulo, você será conduzido pelos mecanismos de desenvolvimento de ideias. É fundamental utilizá-los para criar ideias em todas essas três categorias.

Um grau de diferença

Apresento aqui um exemplo da grande diferença que a menor das mudanças é capaz de fazer. Estávamos no Centro de Liderança da Ford em Detroit. Eu e meu colega Geof Hammond estávamos tendo dificuldade para fazer um grupo de engenheiros de várias partes do mundo compreender completamente a ideia — e a importância — de olhar mais além e pensar mais a fundo a respeito. Eles queriam eficiência e melhorias técnicas, mas não conseguiam entender como a inspiração poderia melhorar seu processo criativo.

Enquanto pensávamos em uma alternativa para estabelecer um elo entre nosso público e o conteúdo, eu e Geof paramos por um instante para olhar pela janela da sala de reuniões. Faltavam poucos dias para o Natal. Durante a noite, a temperatura chegou a 0°C, e toda a cidade estava coberta de neve. Pedimos a todos os engenheiros para que fossem para um canto da sala, onde havia vidraças do chão até o teto que davam vista para uma imaculada área torneada de árvores cobertas de neve. Indagamos então sobre acordar e ver a neve logo de manhã, sobre seu percurso até ali e o que a neve os fazia sentir. O grupo expressou sentimentos como alegria, ansiedade pelo feriado que se aproximava, prazer ao ouvir músicas de Natal no carro e sensação de possibilidade. Em seguida, pedimos para que refletissem sobre uma mudança de um grau. As coisas seriam diferentes se a temperatura tivesse baixado para 1°C, em vez de 0°C? Eles descreveram imagens de chuva gelada, poças de neve semiderretida e áreas encharcadas e úmidas. Outra viagem com chuva e os inconvenientes de sempre: *jeans* molhado, sapatos ensopados, lenga-lenga dos locutores de rádio falando sobre o engarrafamento e a recessão econômica. A única coisa que separava os sentimentos idílicos de felicidade que antecipavam os dias de Natal das visões de aborrecimentos, problemas e melancolia era um grau — a diferença de temperatura entre 0°C e 1°C.

É claro que algumas vezes temos uma ideia que desencadeia uma inovação que muda completamente o jogo. Porém, na maioria das vezes, a mudança tem a ver com a tentativa de ajustar as coisas aos poucos. Um grau pode fazer uma imensa diferença. O que um grau representa para você? E para a sua equipe? E sua organização?

REFLITA

Não subestime o espaço intermediário

Para encontrarmos o melhor caminho para a inovação, geralmente precisamos bater uma trilha ainda inexplorada e em uma direção totalmente nova. Algumas das melhores ideias podem estar nos aguardando no meio do caminho.

A Dove há muito tempo atua no segmento de sabonetes. Recentemente, quando a empresa começou a empreender iniciativas para aumentar a venda de seus produtos de cuidados pessoais, ela passou algum tempo olhando mais além e pensando mais a fundo sobre isso. A ênfase usual nesse tipo de pesquisa recai sobre os convencionais "4 Ps" — **produto**, **preço**, **praça** (distribuição) e **promoção**. A Dove, ao se ramificar para uma direção completamente nova, pediu a mulheres de todas as idades para que compartilhassem suas ideias a respeito de beleza de forma geral.

Os resultados foram impressionantes, talvez até inesperados. De todas as mulheres entrevistadas, apenas 2% se consideravam bonitas. Praticamente todas as demais disseram que a representação popular de beleza era inatingível. Esses *insights* ofereceram à Dove uma oportunidade para reformular a discussão sobre beleza e também sobre o mercado de produtos de beleza em geral. A empresa iniciou a campanha para a **Beleza Real**, uma campanha de propaganda que se tornou um movimento global para o desenvolvimento de autoestima e a eliminação de estereótipos infundados do corpo feminino.

A Dove impulsionou as vendas ao abordar o contexto em que seus produtos subsistem — a noção feminina de beleza —, e não os produtos em si. Seu espaço intermediário transformou um "pequeno" desafio de *marketing* (vender mais sabonetes) em um "grande" desafio (um movimento de base para elevar a autoestima das mulheres). Nesse processo, a Dove aterrissou bem no meio do sonho de um anunciante: vender mais produtos e ao mesmo tempo evidenciar a marca, reforçar o relacionamento com os consumidores e mudar o diálogo cultural. Nada poderia ser melhor do que isso.[1]

Algumas vezes a identificação do espaço intermediário (entremeio) na verdade tem a ver com algo mais tático. Em 2002, uma faculdade de Dublin estava passando por uma crise. Por algum motivo, os banheiros da faculdade transformaram-se em um lugar popular para os dependentes locais consumirem drogas privativamente. Certo dia, um deles sofreu *overdose* e morreu dentro do banheiro. Houve um protesto público com relação à segurança dos alunos. Muitos exigiriam providências para acabar com a atividade ilegal. Mas os dirigentes da faculdade não tinham muitas opções. Eles não podiam bancar a contratação de um segurança para cada banheiro em cada edifício. E trancar todos os banheiros não seria justo com as pessoas que precisavam usá-lo para seu verdadeiro propósito.

Por sorte, alguém teve uma **ideia brilhante — literalmente**. A faculdade instalou lâmpadas ultravioleta de baixo custo nos banheiros. Em virtude da penumbra azul, os usuários não conseguiriam enxergar as veias (que parecem azuis sob a pele) e, portanto, não conseguiriam se injetar. Os

Parâmetros — estabeleça e depois esqueça

Sempre começamos a criar ideias tendo de antemão alguma definição do que seria uma ideia bem-sucedida. Embora tenhamos falado sobre a importância de não nos prendermos a noções preconcebidas, é muito raro alguém iniciar um projeto de uma forma completamente indefinida: orçamentos ilimitados, critérios de sucesso obscuros e nenhum cronograma — simplesmente seguir adiante e criar uma grande inovação. Na verdade, geralmente temos uma direção concreta em termos de tempo, recursos e resultados esperados.

Quando você utilizar qualquer um dos mecanismos apresentados neste capítulo, é bem provável que você inicie o processo com um orçamento, um cronograma, um mercado, uma marca ou qualquer outro fator de influência. Entretanto, assim que você identifica os parâmetros, deve estabelecê-los e esquecê-los. De modo geral, o estabelecimento de critérios de comparação aniquila a possibilidade de exploração. Deixe para fazer avaliações depois que finalizar o processo de geração de ideias.

REFLITA

dirigentes da faculdade identificaram uma solução intermediária porque passaram algum tempo analisando uma questão mais específica. Em vez de abordar o problema no nível mais amplo em que ele se apresentou (manter usuários de droga afastados dos banheiros públicos), a faculdade identificou uma oportunidade mais estreita e mais prática e tornou os banheiros **não atraentes** para os usuários de droga, mantendo-os, ao mesmo tempo, totalmente funcionais para o público em geral.

A Dove e a faculdade de Dublin tiveram sucesso porque decompuseram os desafios em seus componentes fundamentais — além do que parecia óbvio — para encontrar novas oportunidades. Muitos dos mecanismos apresentados neste Capítulo podem ajudá-lo a fazer o mesmo.

Desenvolva um contexto próprio para criar

O primeiro passo no processo de gerar ideias e transformá-las em inovação é desenvolver um contexto para criar — estabelecer as expectativas corretas para que as ideias possam florescer e os mecanismos sejam utilizados da maneira correta. Contudo, antes de abordarmos os mecanismos gradativos de desenvolvimento de ideias, precisamos entender o contexto no qual criamos e que tipo de ideia procuramos.

Costumo chamar o contexto de criação de **"arquitetura da inovação"** — a estrutura que construímos dentro da atmosfera e da mentalidade da organização que dará às nossas ideias criativas e inovadoras o ímpeto do qual elas precisam para prosperar. Para formar esse tipo de contexto de criação, sua arquitetura de inovação precisa utilizar três abordagens:

- Soluções simples e inteligentes.
- O bem maior.
- Enquadramento.

Analisemos cada uma delas mais detalhadamente.

Forneça soluções simples e inteligentes

Todos nós sabemos o que são soluções. Entretanto, o conceito de solução **simples** e **inteligente** é diferente. Em vez de resolver um único problema, as soluções inteligentes oferecem vários benefícios, o que significa que elas atendem às necessidades de mais de um objetivo. Observe o exemplo a seguir.

Para muitas pessoas que estão pensando em fazer uma cirurgia plástica, os dois maiores obstáculos são: **preço** e **privacidade**. Os procedimentos cirúrgicos quase **nunca são cobertos por seguro** e os pacientes não desejam que ninguém saiba que eles fizeram uma cirurgia. Em vez de desembolsarem uma fortuna e ficarem em casa escondidas em virtude das bandagens, muitas pessoas vão à África do Sul, à Costa Rica ou a outros lugares em que os preços são mais baixos e elas podem se restabelecer com relativa privacidade e ao mesmo tempo passear pelos exuberantes parques de reserva ou relaxar à beira da praia. Imagine o quanto as pessoas se sentem e parecem restabelecidas e relaxadas quando retornam de seu "safári de rinocerontes e rinoplastia".

O turismo médico ou de saúde, tal como é chamado, é uma solução inteligente porque satisfaz duas necessidades básicas — custo e privacidade — e oferece um mimo adicional ao paciente em um ambiente saudável e exuberante. Esse setor florescente é uma bênção tanto para a medicina **quanto** para o turismo em inúmeros países.

As soluções inteligentes têm um impacto muito mais intenso e muito mais amplo do que o das soluções comuns. Em uma de nossas pesquisas, descobrimos que as empresas que sempre procuram soluções inteligentes têm maior propensão para a inovação e de inovar mais rapidamente.

Crie espaço para o bem maior

Enquanto as soluções inteligentes dizem respeito à profundidade de seu contexto de criação, o bem maior diz respeito à sua amplitude. A incorporação da mentalidade de **"bem maior"** (*bigger big*) — mudar um país, uma sociedade, o mundo — é um ingrediente fundamental para o desenvolvimento de um contexto de criação suficientemente abrangente para abarcar até mesmo as ideias e inovações mais difíceis de atingir.

Um executivo da empresa Google disse-me uma vez que eles utilizam critérios de sucesso simples mas intimidadores para determinadas iniciativas de projeto: "Queremos que a Google solucione problemas que afetam pelo menos um bilhão de pessoas." Mesmo que seu objetivo específico não tenha a mesma amplitude, desafie você mesmo e sua equipe a gerar algo de valor para o maior número possível de pessoas. Isso funciona para a Google e pode funcionar para você.

Enquadre os desafios

Sua arquitetura de inovação precisa oferecer uma estrutura extremamente clara e simples para a transformação de ideias em inovações.

Certa vez ouvi uma história a respeito de um discurso de Bill Gates em uma rádio na Índia no início da década de 1990, bem no auge do *boom* tecnológico. Gates desafiou os indianos a se prepararem para aproveitar ao máximo todas as vantagens da revolução que se aproximava. Ele enquadrou seu desafio com um construto simples:

1. Compre terras.
2. Erga edifícios e construa aeroportos nos arredores.
3. Percorra o mundo para encontrar os cientistas e tecnologistas mais brilhantes e se cerque deles.

Naquele dia, um dos ouvintes do discurso de Gates foi o ministro do Interior da Índia, que então entrou em ação. Atualmente, a Índia está em primeiro plano no setor tecnológico. **Você está pensando grande o suficiente? Está oferecendo aos outros uma estrutura para abordar esse desafio?** Não há dúvidas de que muitas ideias são complexas.

Contudo, os vencedores serão os indivíduos e empresas que priorizarem a busca de soluções mais simples e eficazes.

Gere ideias mais eficazes (utilizando oito mecanismos)

Tal como mencionei na abertura deste Capítulo, os mecanismos para o desenvolvimento de ideias se apresentam de diversas formas. Podem ser técnicas, processos ou atividades em equipe. Todos os **oito mecanismos** que inclui aqui são ferramentas que promoverão ideias mais eficazes e desencadearão uma nova forma de pensar.

Primeiro: listas e mais listas

Existe uma variedade de métodos para explorar oportunidades, mas o primeiro passo essencial é criar uma **lista de características** que definem a questão ou objetivo em pauta. Não se trata de um inventário para enumerar as coisas. O que faremos aqui é avaliar três tipos de característica para encontrar os componentes que ofereçam o maior número de oportunidades para gerar mudança e evolução:

- As características **físicas** são muito objetivas — atributos descritivos óbvios, como pesado, quadrado, sólido, azul e assim por diante.
- As características **funcionais** descrevem propriedades menos tangíveis — de que forma algo é usado e se as pessoas o utilizam tal como se pretendia ou se elas criam por si sós uma função completamente diferente para isso.
- As características **emocionais** são sentimentos e emoções que as pessoas têm em relação a qualquer coisa que estejam usando (e como elas se sentem se **não** puderem tê-la).

Reserve um bom tempo para criar essas listas. Quanto mais ricas e detalhadas elas forem, maior será a probabilidade de surgir ideias revolucionárias ao longo dos passos posteriores desse mecanismo. E não ceda à tentação de fazer essa lista de cabeça. Anotar as coisas no papel tem algo peculiar que ajuda a manter o fluxo do combustível criativo. Darei um exemplo real a respeito da utilização de listas desse tipo.

Richmond, onde vivo e trabalho, é uma cidade de Virgínia como muitas outras nos EUA. O centro da cidade já foi uma área próspera de comércio e cultura — ênfase em "foi" —, mas o grande êxodo para as áreas metropolitanas, em meados do século XX, deixou o centro da cidade com edifícios bonitos mas decadentes, fachadas vedadas com tábuas e muito pouco trânsito — tanto de pedestres quanto de automóveis. Richmond está lentamente revitalizando sua área urbana, mas esse trabalho é desafiador.

A Câmara de Comércio da cidade me pediu conselhos sobre como revitalizar o centro — uma tarefa imensa que até então ninguém havia identificado uma forma de concretizar. Reuni-me com alguns membros da Câmara e começamos a gerar ideias.

Já que a **"revitalização do centro"** era uma tarefa extremamente ampla, a primeira coisa que fizemos foi estreitar o foco, na expectativa de encontrar algo mais praticável. Para começar, fizemos algumas listas, basicamente um inventário do patrimônio e dos atributos de Richmond. Veja a seguir o que produzimos.

Características físicas ⟶ Prédios de escritórios, apartamentos, ônibus, parques, biblioteca pública, cinemas, imóveis comerciais desocupados, vendedores de cachorro-quente, trabalhadores, funcionários municipais, policiais, moradores de rua, semáforos e faixa para pedestres.

Características funcionais ⟶ Pessoas trabalhando, pedindo esmola, comendo, caminhando, passeando, almoçando, indo e vindo do trabalho, conversando, comprando e vendendo.

Características emocionais → Estresse, segurança, camaradagem, alegria, realização, respeito, sensação de história, possibilidade, frustração e entusiasmo.

A elaboração desse inventário complexo do centro da cidade de Richmond revelou oportunidades interessantes e de todos os tipos. Na verdade, havia oportunidades além da conta. Um dos comentários mais comuns que ouço de pessoas que estão insatisfeitas com os resultados de um **processo criativo** é de que as **ideias simplesmente não são práticas**. Por esse motivo, é importante resistir impulso de abordar um problema grande demais. A criação de ideias implementáveis e de grande impacto pode motivar um grupo de pessoas a criar novamente, a retroceder e a abordar as questões em um nível mais abrangente e genérico. Em situações em que há pouco envolvimento e credibilidade, concentrar-se especificamente em um único objetivo pode manter a mente das pessoas (bem como seu corpo) em movimento.

Desse modo, nós nos concentramos em um objetivo único e factível, por meio do qual pudéssemos obter um impacto a curto prazo e gerar um impulso em direção a um objetivo mais amplo. A característica da cidade com a qual a maioria das pessoas parecia estar incomodada era a biblioteca pública na Franklin Street. A biblioteca era um patrimônio público já existente e poderia ser um centro cultural comunitário e servir de ponto de convergência para levar mais pessoas ao centro. Com um fluxo maior de pessoas para o centro, provavelmente conseguiríamos atrair mais lojas e vendedores que costumam procurar lugares em que há aglomerações.

Assim que estreitamos nosso foco, criamos um inventário semelhante das propriedades e características da biblioteca.

Características físicas ⟶ Livros, bibliotecários, prateleiras, piso, paredes, computadores, mesas, periódicos, visitantes, cartões da biblioteca, caixa de correio.

Características funcionais ⟶ Pessoas lendo, retirando livros, buscando informações, aprendendo, sussurrando, colocando mensagens em quadro de avisos comunitários, afiliando-se.

Características emocionais ⟶ Introspecção, frustração, curiosidade, isolamento, silêncio, estímulo, fascinação.

Existem dois principais motivos que nos levaram a dedicar tempo à elaboração dessas listas. Primeiro, essa atividade nos forçou a encontrar elementos ocultos que de outra maneira provavelmente ignoraríamos. Por exemplo, ao considerar a parte de "afiliação" do inventário funcional da biblioteca, pensamos a respeito dos vários aspectos da afiliação: carteirinha da biblioteca, chaveiros, avisos de atraso, adesivos "amigos da biblioteca" para afixar ao para-choque do carro e assim por diante.

A segunda finalidade do inventário é revelar disparidades de conhecimento entre as pessoas que participarão do processo de criação. Em outras palavras, você poderá observar como as pessoas versadas abordam o tema em questão. Se todas elas acharem que uma biblioteca resume-se a um edifício com livros, na verdade elas não têm muito conhecimento a respeito de bibliotecas. Entretanto, se elas criarem uma lista como a apresentada anteriormente, é provável que elas sejam o tipo de pessoa que você deseja ter em sua equipe.

Se você quiser se aprofundar um pouco na ideia de elaborar listas, veja a seguir uma técnica mais avançada. Você se lembra de quando falamos sobre as três principais fontes de inspiração? Bem, veja o que ocorre quando associamos as três fontes — **direta**, **tangencial** e **abstrata** — com um item de cada uma das três partes do inventário — **física**, **funcional** e **emocional**.

Física →	Onde mais podemos encontrar **livros**?	Direta: outras bibliotecas Tangencial: livrarias Abstrata: sebos ou vendas de garagem
Funcional →	Em que outros lugares podemos **buscar informações**?	Direta: mecanismos de busca da Internet Tangencial: postos de informação em aeroportos Abstrata: unidade de investigação de uma delegacia de polícia
Emocional →	Onde mais existe **afiliação**, **integração** ou **participação comunitária**?	Direta: em uma cadeia como a Blockbuster Tangencial: na academia de ginástica independente que você frequenta e paga US$ 39,99 dólares por mês Abstrata: Salão da Fama da Liga Nacional de Hóquei

Como membro da Câmara de Comércio de Richmond, posso lhe dizer que conversas como as que descrevo nesta seção ajudaram a revitalizar o centro da cidade. Não foi fácil reunir os líderes da cidade para criar um novo futuro. Contudo, como havíamos estabelecido que pensar sobre as coisas de uma maneira diferente era uma prioridade, isso ajudou Richmond a se tornar um dos melhores lugares para viver e trabalhar nos EUA. (Em sua próxima visita a Richmond, não deixe de visitar o Lulu's na 18th Street e procure por Steve. O bolo de carne que ele faz é uma delícia. Não se esqueça de dizer que fui eu quem recomendou).

Segundo: sinto, preciso, desejo

Esse mecanismo é mais adequado para a coleta de *insights* e o desenvolvimento de ideias. Para utilizá-lo, você pede aos participantes para que analisem as motivações humanas observando cuidadosamente o que as pessoas sentem, o que elas precisam e o que elas desejam. Como as pessoas atendem às suas necessidades funcionais e emocionais? Em que momento os sentimentos, as necessidades e os desejos transformam-se em atos? Esse processo engloba três atos:

- **Observar**. Examine o ambiente e as pessoas ao seu redor. Faça uma lista dos comportamentos, das palavras e dos atos que você está observando.
- **Deduzir**. Ao lado de cada ato, comportamento ou trecho de conversa, escreva os sentimentos, as necessidades e os desejos não explícitos nas pessoas que você está observando.
- **Justapor**. Justaponha as motivações observadas ao seu objetivo. Quais sentimentos ou desejos você precisa considerar a respeito de seu cliente?

Não faz muito tempo, nos juntamos a uma proeminente empresa farmacêutica internacional para analisar sua marca e o tipo de relação emocional que ela estava desenvolvendo com seus clientes. Parados na esquina das ruas Pico e Robertson em Los Angeles, pedimos a alguns executivos de *marketing* para examinar o mundo ao seu redor através de lentes emocionais. Quando eles viram uma mulher caminhar em direção a um morador de rua e lhe dar um dólar, anotaram suas ideias a respeito do comportamento, da linguagem corporal e do ato dessa mulher.

Em seguida, utilizamos essas ideias para investigar as emoções encobertas dessa mulher. O que ela estava sentindo, precisando, querendo? Ela deu um dólar ao sem-teto por ter sentido empatia e pelo fato desse ato não exigir muito tempo? Ou ela estava representando para os espectadores a fim de mostrar que era uma boa pessoa — talvez uma pessoa melhor do que eles? A discussão durou uma hora. Finalmente, a análise minuciosa das necessidades, dos sentimentos e dos desejos dessa mulher como pessoa abriu um novo conjunto de desencadeadores emocionais que meus clientes conseguiram justapor à sua marca. Essa experiência permitiu que eles não apenas considerassem as necessidades funcionais, mas observassem mais a fundo desejos e necessidades emocionais. Com o tempo eles acabaram chegando a uma campanha de comunicação bem-sucedida com a mensagem básica: "Você faz tanto por sua família e comunidade, então faça algo por você mesmo; você merece."

De que modo você pode fazer esse mecanismo funcionar dentro de sua organização? Tire sete minutos para rever o processo que acabei de delinear. Vá em frente. Escreva o que você está sentindo, precisando e desejando. Considere as motivações subjacentes a esses desejos e em seguida determine como essas informações podem ser justapostas para atingir seus objetivos. Imagine-se concorrendo com outras empresas somente no nível funcional e técnico. Nesse caso, você conseguiria um grau de diferenciação limitado. Assim que você começar a concorrer no nível emocional, as oportunidades de superar seus concorrentes serão imensas.

Terceiro: a pior ideia

Analisamos pela primeira vez os benefícios das ideias ruins no Capítulo 2, no qual falamos sobre a importância de estimular pessoas a assumir riscos em uma cultura de inovação. Para muitas pessoas, o desenvolvimento de ideias pode ser uma experiência desconfortável, especialmente em um ambiente de grupo, quando elas podem hesitar em compartilhar seus pensamentos por medo de serem criticadas pela própria equipe ou pelos clientes. O objetivo de apresentar a **pior ideia** é ajudar a contornar a autocensura e possíveis preocupações com relação ao que todos os outros pensam a seu respeito. Todo e qualquer filtro é contraprodutivo. Por isso, permita deliberadamente que as más ideias venham à tona, não importa o quanto elas sejam impraticáveis, logicamente impossíveis ou até mesmo horríveis de pensar a respeito.

A **pior ideia** é uma estrutura de referência; obviamente, você começa propondo as piores ideias que é capaz de imaginar. Em seguida, tentará identificar quaisquer oportunidades positivas existem por trás de uma má ideia e as transformará gradativamente em boas ideias (ou pelo menos em ideias melhores). Veja o esquema básico desse processo:

1. **Objetivo**. Defina seus objetivos.
2. **Piores ideias**. Crie um inventário das piores ideias que você apresentaria para abordar seus objetivos.
3. **Boas ideias**. Transforme as piores ideias em boas ideias identificando seus aspectos positivos.

O mundo dos negócios tende a alimentar o ego e a gerar medo. Por isso, quando a equipe age com extrema cautela e evita riscos, reproduzindo as mesmas e velhas ideias, constatamos que esse exercício serve para sacudir favoravelmente o grupo e conduzi-la à inspiração.

Você se lembra da ideia da boneca prostituta que apresentamos no Capítulo anterior? Esse é mais um exemplo de como a pior ideia geralmente pode gerar ótimos resultados. O problema: como renovar e revigorar um produto que tem uma longa história e uma reputação extremamente sólida? A resposta: você se senta no banco de um parque e olha mais além.

Em 1999, estávamos trabalhando com a Woolmark Company, um grupo de fabricação e comercialização de lã, para promover uma nova mistura de lã para todas as estações do ano. A Woolmark queria mudar a imagem da lã de um material **quente**, **grosseiro** e **irritante** usado por nossos avós no inverno para um material versátil e elegante que poderia ser usado o ano todo por consumidores preocupados com moda. A Woolmark queria atrair a atenção nos principais meios de comunicação nacionais utilizando para isso uma pequena verba. Ah, e queria fazê-lo durante a Fashion Week em Nova York, época em que todos os comerciantes de roupa do mundo estão disputando os mesmos olhos (e os mesmos dólares).

Nossa equipe sentou-se em um banco no Central Park para discutir pontos de vista e ideias (lembre-se, Henning está ouvindo; por isso, sem soluções rápidas), como um grupo de redatores de comédia com olhos cansados e movidos a café tentando compor o esquete de abertura do *Saturday Night Live*. Finalmente, alguém disse: "Vamos tocar um rebanho gigante de ovelhas pela Times Square e atrapalhar o trânsito".

Quase morremos de rir, imaginando turistas azarados e usuários de transporte ensandecidos tentando escapar da debandada de um rebanho de lã. Era uma ideia terrível. Porém, enquanto fazíamos piadas sobre o rebanho, a ideia começou a ganhar forma. Concordamos que, por mais louco que aquilo parecesse, precisávamos colocar ovelhas nas ruas de Nova York para estabelecer uma nova discussão sobre lã.

Poucas horas depois, bebendo Coca-Cola quente e comendo alguns cachorros-quentes no Central Park, vimos um passeador com pelo menos dez cães. Era isso. "Espera aí", alguém disse. "E se colocássemos ovelhas na coleira?". E foi assim que a *sheepwalk* (passeio com ovelhas) nasceu.

Contratamos belíssimas modelos para vestir lindos e elegantes paletós e vestidos de lã, que podiam ser usados em todas as estações do ano. Passamos a cada uma delas uma ovelha com coleira e instruções para caminharem para cima e para baixo pela Madison Avenue como se estivessem levando seu Bichon Frisé penteado para passear. Não sei bem se você consegue imaginar a reação das pessoas que passavam por lá e o número de olhares do tipo "O que é isso?" que recebemos. E sempre que isso ocorria, a modelo informava as pessoas sobre os benefícios da lã para todas as estações.

A *sheepwalk* não foi nada menos que um imenso sucesso. A cobertura da mídia chegou até a Austrália e incluiu o *Today Show*, o *The New York Times* e o jornal *on-line* da Associated Press. A Woolmark obteve um retorno de 30:1 sobre seus investimentos e estava mais do que satisfeita. A campanha mudou fundamentalmente a discussão sobre lã no setor de moda e remodelou completamente os hábitos de compra dos consumidores.

Portanto, na próxima vez em que você estiver em uma situação em que precisa apresentar ideias criativas, comece pelas piores ideias que você poderia imaginar. Em seguida pense a respeito da *sheepwalk*.

Quarto: desconstrução–reconstrução

Esse mecanismo é excelente para reinventar modelos de negócio e processos. Para começar, elabore uma lista, decompondo o objetivo em suas três partes fundamentais: física, funcional e emocional. Em seguida, crie um extenso inventário de ideias por meio da "reconstrução" dos componentes, utilizando quatro etapas: exagerar, eliminar, substituir e simplificar.

1. **Objetivo**. Defina seu objetivo.
2. **Desconstruir**. Crie um inventário de todos os elementos físicos, funcionais e emocionais do seu objetivo.
3. **Reconstruir**. Selecione as principais partes do inventário e crie novas ideias exagerando, eliminando, substituindo e simplificando.

Essa técnica é muito metódica e será atraente para pessoas direcionados a processos. Ela é também muito útil para lidar com temas complexos. Mas primeiro vamos analisar como o processo de desconstrução–reconstrução pode ser aplicado em um dos modelos de negócio mais simples de todos: a barraquinha de limonada.

1. **Objetivo**. Reinventar a barraquinha de limonada.
2. **Desconstruir**. Aqui são apresentados alguns dos componentes que estão relacionados a uma barraquinha de limonada:

limões
sabor azedo
esquina
placa feita à mão
jarra
mães
vizinhos fingindo que estão com sede

água
açúcar
cartaz
dia quente
horário de funcionamento
espontaneidade

gelo
barraca
água morna
verão
copos descartáveis
dinheiro

3. **Reconstruir**. Agora vamos reconstruir a barraca, mas com algumas modificações.

- **Eliminar**

  Em vez de na **esquina de uma rua**, ofereceremos um serviço de entrega de limonada a canteiros de obra próximos?

  Em vez de **dinheiro**, poderíamos utilizar um sistema de barganha e deixar as crianças negociarem outras coisas (livros usados, latas recicláveis, doces etc.) em troca de uma bebida refrescante.

- **Simplificar**

  Horário de funcionamento. As barracas serão abertas em horários aleatórios. Vamos criar horários regulares de funcionamento e distribuir folhetos pela cidade para que assim as pessoas saibam onde e quando nos encontrar.

  Água e gelo. Fortalece o negócio oferecendo picolés de limão.

- **Substituir**

  Em vez de **limão**, vamos usar lima e fazer limada.

  Em vez de **líquido**, vamos usar gelatina e lima e fazer gelatinada.

- **Exagerar**

  Azedo. Crie uma limonada superazeda.

  Barraca. Crie uma barraca que atravesse a rua como a linha final de uma corrida ou construa um redutor de velocidade feito de limões, para diminuir a velocidade dos carros, chamar a atenção e aumentar as vendas.

Tudo bem, esse é um exemplo simples. Contudo, como disse, o método de desconstrução–reconstrução pode ser utilizado para gerar ideias complexas.

Quando Ed Sutt voltou de uma curta viagem às ilhas Virgens Norte-Americanas em 1995, não estava com o corpo bronzeado nem de ressaca. Na verdade, ele retornou com a perspectiva de um projeto que exigiria 11 anos de dedicação e no final representaria a reinvenção de um utensílio de 2.500 anos de idade que ninguém mais pensava que poderia (ou precisava) ser reinventado: o **prego**.

Sutt havia ido a Saint Thomas para examinar os danos provocados pelo furacão *Marilyn*, que havia destruído 80% das construções da ilha. O que ele descobriu foi inesperado: não era a **madeira** das construções que não resistia à força do vento, mas os **pregos**.

Sutt decidiu aprender e testar tudo sobre pregos, começando então a desconstruí-los em seus componentes principais: metal, ponta e cabeça. Em seguida, começou a fazer experimentos e descobriu que os pregos entortam ou cedem por diversos motivos. Às vezes o metal é muito fraco ou quebradiço para resistir aos movimentos provocados pelos furacões e terremotos. Outras vezes, a cabeça penetra na madeira que ela deveria prender. E outras vezes a pressão no prego é tão grande que a haste sai totalmente da madeira em foi pregado — do mesmo modo que ocorreria se você utilizasse um pé de cabra para puxá-lo. (Utilizando nosso modelo, essa fase da pesquisa seria parte dos inventários físicos e funcionais. O componente emocional já estava claro: as pessoas desejam manter sua casa de pé e proteger a vida de seus entes queridos).

Por meio de mais pesquisas, testes (tentativas) e erros, Sutt e sua equipe encontraram uma determinada liga metálica que permitia que os pregos fossem flexíveis o suficiente para resistir aos movimentos e fossem também fortes o suficiente para sustentar um peso adequado. O primeiro problema estava resolvido. Eles testaram muitos tamanhos e descobriram que uma cabeça maior impedia que o prego afundasse na madeira. A equipe de Sutt projetou o maior tamanho de cabeça possível, de acordo com as restrições de tamanho das máquinas de pregar que a maioria dos empreiteiros utiliza. Para evitar que o prego se soltasse, eles tentaram acrescentar anéis farpados à haste. Entretanto, descobriram que não era possível colocar esses anéis em toda a extensão da haste porque, do contrário, o buraco ficaria grande demais para segurar o prego. O grande passo da equipe se deu quando ela constatou que, se acrescentasse uma pequena rosca (como um parafuso) no topo da haste, o prego giraria levemente e ficaria preso. Foi assim que surgiu o prego *HurriQuake*. Os pregos de Sutt dobraram a resistência das casas aos furacões e tornam as estruturas 50% mais propensas a resistir intactas a um terremoto. Na verdade, esses pregos são tão eficazes, que as taxas de seguro para construções novas em muitas áreas propensas a desastres são influenciadas pelo uso ou não de pregos *HurriQuake* pelo construtor.[2]

Quinto: conexões forçadas

As **conexões forçadas** são uma ferramenta de desenvolvimento de ideias por meio da qual utilizamos **justaposições abstratas** como inspiração para gerar novas ideias. É uma excelente opção para os momentos em que você se sente paralisado, e pode praticá-la em qualquer lugar, a qualquer hora. Essa é a forma mais genuína de olhar mais além e pensar mais a fundo a respeito. Para muitas pessoas, as conexões forçadas não parecem lógicas, mas com um pouco de prática isso fica mais fácil. A história está cheia de exemplos de conexões forçadas aleatórias ou propositais que geraram ideias extraordinárias.

A utilização de conexões forçadas é muito simples: escolha um objeto qualquer ou um objeto que esteja levemente relacionado ao seu objetivo e crie um inventário **físico**, **funcional** e **emocional**.

Como esse mecanismo é extremamente importante, gostaria de apresentar vários exemplos. Veja o primeiro:

Objetivo ⟶ Experiência do cliente em um banco.

Objeto ⟶ Xícara de café quente.

Inventário ⟶ Características físicas: quente, fumegante, concentrado, marrom, líquido. Características funcionais: estimulante; é sorvido aos poucos; pode queimá-lo. Características emocionais: reconfortante; parte de um ritual; as pessoas têm um estilo próprio de beber café; faz parte de sua identidade.

Ideias ⟶ Precisamos criar produtos e serviços personalizados e adaptáveis para que as pessoas possam utilizar os serviços bancários de acordo com sua rotina e a percepção que elas têm de si mesmas. Um tamanho único não serve a todos.

Com relação ao exemplo da biblioteca de Richmond, utilizemos como objeto um pincel permanente da marca Sharpie que se encontra uma mesa diante de você:

Objetivo ⟶ Levar mais pessoas à biblioteca.

Objeto ⟶ Pincel Sharpie.

Inventário ⟶ Características físicas: plástico, preto e cinza, leve. Características funcionais: ótimo para escrever letras grandes, bom para ser utilizado em palestras, tinta durável; registrar ideias e observações; expor informações. Características emocionais: expor afirmações ousadas, poder, deixar uma marca permanente.

Ideias ——→ Colocar quadros de avisos na biblioteca para compartilhar livros favoritos ou ideias; incluir cartões de comentário na quarta capa dos livros para que os membros da comunidade escrevam suas críticas, como na Amazon. A ideia por trás de escrever com um pincel pode levá-lo a criar uma ideia em torno de obras originais. Será que a biblioteca pública poderia se tornar um baluarte para escritores inexperientes e inéditos oferecendo-lhes uma exposição imediata a leitores que possivelmente começariam a formar uma legião de seguidores?

Bem, passemos agora da teoria para a prática. Há muitos anos, os diretores da Timberland contrataram minha equipe para ajudá-los a concretizar três objetivos: reinventar a bota amarela e utilizá-la como um ícone para revitalizar toda a empresa; desenvolver uma nova linha de roupas para atividades ao ar livre para a Timberland; propor duas ou três hipóteses que permitiriam que a empresa explorasse novas linhas de negócio no futuro. Passamos uma semana inteira em uma imersão criativa no Equinox Lodge em Vermont. Estavam presentes 30 executivos da Timberland e 30 representantes dos fornecedores da empresa — desde *designers* de calçados a pecuaristas que fornecem couro — desse modo, poderíamos olhar mais além e de todos os ângulos possíveis.

Para esse processo, organizamos uma sala ideal para olharmos mais além e pensarmos mais a fundo — centenas de itens e experiências que acreditávamos que poderiam oferecer inspiração e nos ajudar a pensar a respeito de roupas para atividades ao ar livre. Muitos desses itens estavam diretamente relacionados à Timberland — objetos associados com atividades ao ar livre, como um saco de plástico Ziploc cheio de iscas para pesca. Queríamos que os engenheiros da Timberland observassem as iscas. Entretanto, para a nossa surpresa, eles ficaram mais interessados no saco e em seu sistema de fechamento. Isso fez com eles pensassem em alternativas interessantes para os zíperes e botões tradicionais utilizados em roupas para atividades ao ar livre. Essa ideia entrou no processo de desenvolvimento de produto. Essa conexão forçada serviu de inspiração para a idealização de componentes e acessórios da nova linha de roupas para o ar livre que foi proposta.

Sexto: evento ECC (experiência, compreensão, conhecimento)

Essa história termina com a comoção provocada pelos campeões olímpicos no aclamado programa de TV *Dancing with the Stars,* mas começa com vinte executivos de *marketing* tentando olhar mais além no apertado apartamento de seis definidores de tendências de vinte e poucos anos de idade, em Manhattan. Nesse ínterim, minha equipe ajudou o Comitê Olímpico dos EUA (United States Olympic Committee - USOC) a usar a inspiração estratégica para recalibrar sua estratégia para atingir o estimado grupo demográfico de 18 a 25 anos de idade que estava se tornando cada vez mais indiferente aos Jogos Olímpicos. O que deu movimento a essa história? Um evento ECC (experiência, compreensão, conhecimento), que minha equipe dirigiu com uma equipe interfuncional do USOC e muitos atletas olímpicos atuais em Nova York.

Já falamos sobre esses eventos no primeiro Capítulo, mas gostaria de explicar um pouco melhor como eles funcionam. Nossos ECCs geralmente duram de dois a três dias e são uma forma de imersão total na abordagem de **"olhar mais além"**. No caso do USOC, visitamos a casa e os pontos de encontro mais badalados e frequentados por jovens norte-americanos, na expectativa de encontrar *insights* que dessem forma a uma estratégia para atingi-los — pense nisso como uma espécie de antropologia urbana misturada com *focus groups* espontâneos e acrescente uma pitada de consumidores secretos. O ECC promovido para o USOC foi apenas um dos aspectos da iniciativa de dois anos para transformar toda a organização, que contribuiu para um excelente desempenho e presença na grandiosa dos EUA nos Jogos Olímpicos de Pequim em 2008. Mas voltemos agora para o evento ECC.

Do mesmo modo que muitas organizações que estão procurando atrair os jovens, o USOC percebeu que eles não conheciam muito bem a indefinível "geração do milênio". A equipe de *marketing* do USOC estava repleta de profissionais experientes e qualificados que abordavam seu trabalho com a paixão e dedicação dos atletas que eles ajudavam a se classificar para os jogos. (Alguns deles são ex-atletas olímpicos.) Contudo, mesmo depois de analisar todos os relatórios de tendências, de conduzir *focus groups* e de examinar uma montanha de dados, eles estavam encontrando problemas para descobrir como o comitê poderia se tornar mais relevante para esse grupo demográfico fundamental — a **geração do milênio**. O USOC sabia que precisava olhar mais além e pensar mais a fundo a respeito. E assim o fez, e muito mais do que isso.

Veja as experiências que acumulamos em nosso primeiro dia de inspiração curatelada:

- **Bamn!** Comida barata em pequenos compartimentos com porta de vidro. Visitamos esse novo restaurante no bairro East Village, inspirado nas máquinas de venda automática de comida antes comuns em todos os cantos de Manhattan. Você coloca um valor em dinheiro e abre uma pequena porta para receber comida quentinha. Gratificação instantânea, preço acessível, popular entre os jovens da geração do milênio, e "aberto 25 h por dia!!!"
- **Tower Records.** Começamos a observar como um "ex-esvaziador de carteiras" dos jovens estava se adaptando à era dos *iPods* e do *download* digital. (Ao que se constatou, a empresa não estava de forma alguma se adaptando — a Tower Records acabou se curvando e fechando as portas — e essa história serviu de advertência para o USOC).
- **Urban Outfitters.** Coisas novas que parecem antigas. Queríamos examinar a operação de um varejista nacional popular e ver como as butiques independentes e retrô haviam se ampliado para o consumo

de massa. A visita nos ofereceu ideias sobre marcas, opções de cor, logotipos e estilos.

- **Washington Square Park.** O local de encontro. Embora estivéssemos em 20 pessoas, nos dirigimos diretamente aos grupos de estudantes da Universidade de Nova York. Fizemos perguntas sobre como administravam seu tempo, com o que se aborreciam, com o que se preocupavam, o que estudavam, onde compravam e o que pensavam das redes sociais *on-line*.
- **Flight Club.** Cordão de veludo e tênis de veludo. Fomos recebidos em uma das lojas de revenda de tênis mais baladas de Nova York. Na porta havia campainha, um segurança e uma fila de jovens do milênio que dava volta no quarteirão. Falamos com o dono, que nos apresentou seu ponto de vista sobre definição de tendências, exclusividade e o que os jovens norte-americanos procuram em seus heróis do esporte.
- **Kevan Tucker.** Um jovem escritor/diretor compartilhou seu ponto de vista sobre cultura jovem, obtido em suas pesquisas e observações enquanto preparava o premiado filme *The Unidentified.* Ele falou sobre uma geração que deseja fazer diferença no mundo, mas não sabe como nem por quê.
- **Invasão de apartamentos.** Com certeza o momento de destaque de nosso dia. Fomos a dois apartamentos, um compartilhado por três rapazes e outro por três moças, todos com vinte e poucos anos. Eles permitiram que examinássemos tudo no apartamento enquanto lançávamos uma pergunta após outra. Com eles, sentamos e assistimos ao jogo dos Yankees. Ficamos sabendo que as garotas acham que é sempre bom ter cubos de gelo incomuns, em forma de partes do corpo humano, para festas não programadas. Ter compartilhado um tempo valioso e especial com nosso público, em sua própria casa, foi suficiente para ter uma perspectiva completamente nova sobre como deveríamos nos comunicar com ele.

No dia seguinte, nos reunimos novamente em um estúdio aberto cheio de *flip charts* e quadros brancos para traduzir nossas experiências em uma nova interpretação para o USOC. A principal descoberta de nossa busca foi que os jovens da geração do milênio têm entusiasmo pelos Jogos Olímpicos quando podem se envolver com atletas jovens.

Por isso, não foi nenhuma coincidência quando Apollo Anton Ohno (na quarta temporada) e Kristi Yamaguchi (na sexta temporada) exibiram seus movimentos e fizeram a audiência subir no *Dancing with the Stars*. Essa atenção altamente favorável e de alto impacto sobre o movimento olímpico ocorreu de uma forma totalmente nova. A gênese foi uma inspiração intencional, que levou o grupo a situar astros e estrelas olímpicos em um contexto familiar e ao mesmo tempo novo — e subsequentemente envolveu um público inteiramente novo.

Os eventos ECC são a forma mais genuína de olhar mais além e pensar mais a fundo a respeito, utilizando experiências inspiradoras direcionadas para alimentar novas ideias. Um ECC pode durar três dias ou três horas, mas é um mecanismo essencial para se chegar a inovações que geram impacto.

Sétimo: roubar e adulterar

Um dos segredos da **inovação criativa** é a exploração de áreas tangenciais e aparentemente desconexas. Ao examinar fontes de inspiração que não estão diretamente relacionadas com seu objetivo, você descobrirá **ideias originais**. O conceito básico de **"roubar e adulterar"** é pegar uma ideia de um negócio não relacionado e adaptá-la para que funcione em benefício de sua empresa.

Do mesmo modo que nos outros mecanismos, você deve começar com uma lista dos atributos físicos, funcionais e emocionais de um objetivo. Em seguida, relacione a principal característica que representa o sucesso de seu objetivo e depois os critérios para avaliar esse sucesso. A comparação da lista de características com os critérios deve incluir exemplos diversos — particularmente aqueles o mais divergentes possível do contexto de seu objetivo. Por exemplo, o que a Jiffy Lube pode aprender com os cassinos de Las Vegas com relação a possibilitar que uma experiência seja mais instigante? Veja o esquema básico do processo "roubar e adulterar":

1. **Objetivo.** Defina seu objetivo.
2. **Características principais.** Relacione as características principais e os critérios de sucesso de seu objetivo.
3. **Referências comparativas *(benchmarks)*.** Faça uma breve lista de referências relevantes e tangenciais para comparar com as características e os critérios.
4. **Táticas da referência.** Escolha a referência mais convincente e relacione as táticas que ela emprega para compará-la com o objetivo.
5. **Roubar e adulterar.** Escolha qual tática você pode "roubar" e alterar concretizar seu objetivo.

No exemplo da biblioteca de Richmond, iniciamos o processo de roubar e adulterar fazendo um inventário de características de uma livraria sofisticada (com base na ideia que roubaríamos dela). Por exemplo, a livraria serve café e outras bebidas em sua cafeteria. Podemos brincar de ladrão em vários níveis com essa observação.

O primeiro impulso natural é literalmente transplantar essa atividade dessa livraria para a biblioteca de Richmond. Sim, poderíamos construir uma cafeteria na biblioteca e começar a servir bebidas e petiscos para manter as pessoas por lá. Mas o que mais podemos roubar do conceito e da experiência da cafeteria da livraria? E se criássemos áreas em toda a biblioteca (local que tradicionalmente deve ser silencioso) nas quais as pessoas pudessem conversar? Se de fato ampliássemos nosso roubo, poderíamos ver a cafeteria como uma nova fonte de renda para a biblioteca. Em vez de depender de impostos e da cobrança de multas por atraso na entrega dos livros, a biblioteca poderia utilizar a cafeteria para oferecer não apenas bebidas e petiscos, mas também obras de artistas locais, música e outros artigos que pudesse vender.

Esse é um exemplo muito básico, mas quando você começa a roubar ideias com base em suas observações abstratas, esse processo pode ficar muito instigante.

Veja dois excelentes exemplos do processo de roubar e adulterar aplicado na vida real:

Se você não consegue ver a associação entre o Sr. Cabeça de Batata e o processo de ambientação e integração de funcionários, você não é o único. Mas essas duas ideias improváveis foram associadas em resposta ao desejo de uma grande empresa confecção americana de encontrar novas ideias para orientar seus funcionários recém-contratados. Escolhemos o personagem Cabeça de Batata antes de conhecer nossos clientes, porque, quase literalmente, ele veste muitos chapéus (isto é, desempenha vários papéis) e é um de cara multifuncional — uma boa fonte de inspiração para o tipo de ideia que nosso cliente estava procurando. Mas estávamos completamente despreparados para a literalidade da primeira ideia proposta pela equipe de nosso cliente: "O Sr. Cabeça de Batata deveria dar boas- vindas aos novos funcionários no primeiro dia de trabalho." Depois disso, eles partiram para uma direção mais estratégica, examinando os atributos inerentes da modularização e da customização. A ideia seguinte foi convidar os novos funcionários para vestir figurativamente diferentes chapéus. Isso deu origem à ideia de permitir que os recém-contratados passassem por um período de estágio ou de observação (*job shadowing*) fora do departamento para o qual eles fossem contratados e estimular a aprendizagem contínua (organizacional) no trabalho. Não há nenhuma chance neste mundo de que o Sr. Cabeça de Batata seja discutido no manual de RH dessa empresa. Mas isso apenas mostra que uma questão aparentemente aleatória, minuciosamente examinada e explorada para gerar inspiração, pode oferecer alimento para alguns métodos de orientação bastante confiáveis.

De volta ao caso da Trustmark, a centenária empresa de seguros e serviços financeiros do Centro-Oeste dos EUA. Com mais ou menos

US$ 2 bilhões de receitas anuais e mais de 4.000 associados nos EUA, a organização se sentia confortável. Mas seu crescimento era uniforme. A previsão da própria empresa mostrava que seu nicho estava se tornando obsoleto.

Saímos pelas ruas de Chicago e, na avenida Michigan, visitamos uma loja da Apple e outra da CompUSA que estavam a poucos metros de distância. Pedimos à equipe do cliente para que permanecesse um pouco em ambas as lojas, interagisse com os produtos, conversasse com os funcionários e refletisse sobre as diferenças. Depois de mais ou menos uma hora, nos juntamos e pedimos para que relatassem suas observações. A CompUSA parecia mais com um depósito de mercadorias. Os produtos ficavam amontoados e era difícil compará-los. Os funcionários eram desinteressados e desorganizados. A loja da Apple era bem diferente. Os funcionários eram envolvidos. Podíamos escolher e testar qualquer produto da loja. Não se via a palavra **computador** em nenhum lugar. Na verdade, havia placas indicativas de música, vídeo, conexão etc.

A essa altura, o grupo do cliente estava próximo de um *insight* que poderia ser roubado. Precisava apenas de um empurrãozinho. Diante disso, perguntamos: "O que essas observações significam para a empresa de vocês?". Eles responderam que o seguro era uma *commodity*, do mesmo modo que os produtos eletrônicos, mas que, diferentemente da CompUSA, a Apple estava vendendo experiência e estilo de vida — algo além do produto em si. Eles também conseguiram ver que sua empresa era a CompUSA no setor de seguros. (Um breve parêntese nessa história: em um determinado momento, o gerente da loja da CompUSA aproximou-se e disse: "Percebi que várias vezes vocês entraram aqui e depois foram à loja da Apple. Nós não sobreviveremos, não é?". Ele estava completamente certo. A CompUSA fracassou e fechou mais de 100 lojas, inclusive a da avenida Michigan. A empresa e a marca finalmente foram vendidas e a partir de 2010 começaram a ser remodeladas.)

Essa comparação desencadeou um processo de tradução das qualidades, dos *insights* e das abordagens favoráveis do setor de eletrônicos para o setor de seguros então em declínio. No prazo de 18 meses a Trustmark criou vários novos produtos e serviços que ajudaram a empresa a olhar além do produto em si e criar um estilo de vida de segurança financeira e desempenho para os clientes da empresa.

Oitavo: pare, comece, continue

Algumas pessoas associam inovação com novidade. Por esse motivo, na elaboração de um plano de ação, muitos indivíduos e equipes passam um tempo desproporcional concentrados em todos os novos passos que precisam dar: novas pesquisas, nova estratégia de vendas, novos canais de distribuição. Essas são as coisas que eles precisam **"começar"**. É natural pensar que iniciar uma nova atividade é avançar em direção a um novo resultado. Contudo, algumas vezes um enfoque exagerado sobre os aspectos **"iniciais"** dessa progressão bloqueia nossa visão das coisas que deveríamos **parar** de fazer, bem como daquelas que deveríamos **continuar** fazendo. Grandes inovações podem ocorrer independentemente de haver uma nova atividade. Elas podem ser construídas com base em sucessos existentes e se beneficiar da interrupção de algumas outras iniciativas.

A seguir contarei uma história que mostra o que quero dizer. Derren Brown, mágico e especialista em controle e manipulação da mente, revela um dos mistérios da percepção humana. Depois de colocar uma carteira cheia de dinheiro na movimentada rua Regent em Londres, Brown desenhou um círculo com giz ao redor da carteira, afastou-se e ficou observando de longe. Os pedestres passavam e não a pegavam — durante o dia todo, a maioria das pessoas ignorou completamente a carteira. A linha de giz ao redor do objeto criou uma barreira mental forte o suficiente para cercear o impulso humano natural de pegar a carteira.[3]

Temos a tendência de desenhar círculos — **barreiras mentais** — em torno de nós mesmos quando precisamos explorar novas ideias e possibilidades. Esses círculos — coisas como um foco estreito em novos recursos, iniciativas etc. — podem impedi-lo de assumir riscos, inovar ou realizar plenamente seu potencial criativo. Quais são as barreiras ilusórias que você está colocando em torno de seu processo criativo? O que você e sua organização ganhariam se essas barreiras fossem removidas? Veja como você deve utilizar o mecanismo "**parar, começar, continuar**" para encontrar a resposta para as seguintes perguntas:

1. **Objetivo.** Expresse seu objetivo.
2. **Parar.** Para transformar suas ideias ou aspirações em realidade, o que você precisa parar de fazer? Qual distração você deve evitar? O que não pertence à sua principal promessa de valor? Quais comportamentos e qual linguagem você deverá parar de usar?
3. **Começar.** Que novos recursos (tempo, valores, talento) serão necessários para atingir seu objetivo? Quais novos parceiros precisarão ser envolvidos?
4. **Continuar.** O que você está fazendo muito bem neste momento que apoia seu objetivo? Qual é a essência de seu negócio? O que oferece a você e à sua equipe energia e entusiasmo?
5. **Detalhar.** Escolha as ações mais convincentes dos itens 2 a 4, crie um novo nível de ações detalhadas e distribua essas ações em um cronograma inicial.

Esse mecanismo é ideal para ser utilizado como discussão, modo de conduta ou etapa de esquematização. (Você obterá mais informações sobre esquematização ainda neste Capítulo). Assim que você identificar várias ideias promissoras que atendam aos critérios de sucesso predeterminados, utilize o mecanismo "parar, começar, continuar" para ter uma noção inicial das ações necessárias para transformar a ideia em realidade.

Filtre suas ideias

Bem, para todas as pessoas de caráter analítico que estão enlouquecendo com todo esse pensamento divergente, agora é hora de brilhar. Nesse estágio, você escolhe dentre o extenso inventário de ideias propostas aquelas que atenderão aos critérios de sucesso e às restrições de recursos estabelecidos originalmente e que ao mesmo tempo possibilitarão a inovação mais promissora.

Quais ideias condizem com os parâmetros — orçamento, cronograma, mercado-alvo, marca etc.? Se você tivesse seis meses para concluir seu projeto, não faria nenhum sentido desenvolver uma ideia que exigisse um tempo mais extenso do que esse. E se você tivesse um orçamento de apenas US$ 2 milhões, perderia tempo buscando ideias que custassem muito mais do que isso. A forma mais imediata de lidar com esse processo é relacionar seus parâmetros e critérios de sucesso e em seguida comparar suas ideias com essa lista.

Cada objetivo de negócio terá um conjunto de critérios de filtragem próprio, mas você e sua equipe devem se propor a olhar mais além das lentes convencionais do retorno sobre o investimento.

Considere também as seguintes perguntas:

- A solução reforça ou enfraquece a marca? Ela de fato elevará sua marca como um todo?
- A ideia realmente produz um impacto tanto em sua experiência quanto na experiência do cliente?
- É uma solução exclusiva e isolada ou uma solução integrada e inteligente?
- A ideia é estratégica ou tática? Ou ambas?
- Qual o impacto que você conseguirá medir? E qual será o impacto que você nunca conseguirá medir?
- O que a sua intuição diz?
- Para fazer isso acontecer o que você deverá construir, tomar emprestado ou comprar?
- Essa ideia é de fato disruptiva? É incremental, revolucionária ou transformacional?

Mesmo que isso soe um pouco analítico, a etapa de filtragem não é destituída de paixão e criatividade. Na verdade, é exatamente o contrário: você está se preparando para defender as ideias que você selecionou.

Utilize a esquematização para dar alma às ideias

Assim que você selecionar as ideias mais promissoras por meio dos vários mecanismos empregados, precisará transformá-las em realidade. **De que forma?** Por meio de um processo que chamamos de **esquematização**. Dependendo de seus objetivos específicos, a esquematização poderá assumir várias formas. Mas todos os esquemas confiáveis contêm os seguintes elementos fundamentais:

- **Exponha sua ideia**
  Esta é a afirmação básica que citei no início deste Capítulo: "Com o objetivo de _______, farei ______". Todas as boas ideias precisam de uma enunciação simples que indique o que você fará e por que o fará. Se você não conseguir completar essa frase, isso significa que sua ideia provavelmente não é sólida o suficiente. Lembre-se de que essa é sua possibilidade de transformar algo que no momento só existe em sua mente em algo real e tangível para outras pessoas.
- **Retrate sua ideia**
  Descreva a ideia com detalhes suficientes para que uma pessoa comum possa entender seus componentes básicos. Pense nisso como uma "abordagem de um minuto" (*elevator pitch*), quando você tem apenas alguns segundos para explicar algo para outra pessoa. Evite jargões e termos do mundo dos negócios (inclusive o termo *elevator pitch*).
- **Pregue sua ideia**
  A ideia que você escolheu passou por um rigoroso processo. Portanto, deve haver algo entusiasmante nela. Explique o motivo ou os motivos que o levam a acreditar nessa ideia. O que está em jogo? "Pregue" os benefícios de sua solução. Descobrimos que geralmente as ideias nas-

cem e morrem de acordo com a capacidade de persuasão de seu porta-voz. Não permita que uma boa ideia seja reprovada por falta de paixão.

- **Viva sua ideia**
  Esboce os detalhes importantes. Quem dará vida a essa ideia? Quem verá os benefícios? Até que ponto será necessário mudar comportamentos internos e externos?
- **Execute sua ideia**
  O esquema não é um plano de lançamento completamente tático. Ele precisa incluir alguns passos iniciais que você e sua equipe possam começar a executar. Pense em resultados imediatos, que gerem impulso e mantenham sua equipe envolvida enquanto você define todos os componentes específicos de um plano completo.
- **Dê nome à sua ideia**
  Uma boa ideia precisa de um nome conciso e inesquecível, mas não se prenda nem desperdice muito tempo com isso. Espere até chegar ao fim da esquematização. Não inicie o processo de esquematização preocupado em encontrar um título interessante e sugestivo para sua ideia.

Para que isso se torne um pouco mais palpável, veja como seria a esquematização da ideia para a biblioteca de Richmond:

- **Exponha a ideia**
  Para aumentar o movimento da biblioteca, começaremos a servir bebidas e petiscos.
- **Retrate a ideia**
  Podemos adaptar uma área existente da biblioteca para que se torne uma cafeteria e um bar funcionais. Criaremos uma área confortável para que os estudantes possam se sentar, estudar e socializar. A receita proveniente da venda de cafés poderia compensar nosso investimento.
- **Pregue a ideia**
  As livrarias são populares entre estudantes e profissionais jovens. Eles passam horas nas livrarias. As cafeterias estão sempre cheias porque

geralmente têm os melhores assentos. A biblioteca pode se tornar mais convidativa e relevante criando uma atmosfera semelhante. Os estudantes organizam seus horários de acordo com o horário das refeições. Por isso, qualquer oportunidade de satisfazer essa necessidade e ao mesmo tempo outra necessidade complementar será um ganho para eles.

- **Viva a ideia**
  Precisaremos encontrar um fornecedor de bebidas e treinar a equipe para servi-las. Podemos formar um pequeno comitê interno para encarregar-se disso. Nosso comportamento deverá mudar. Provavelmente haverá mais ruídos na biblioteca e precisaremos equilibrar isso com a necessidade daqueles que buscam silêncio.
- **Execute a ideia**
  Verifique quais são os códigos de saúde prescritos e se é necessário obter outras autorizações. Abra uma licitação para fornecedores de bebidas e outras obras necessárias. Comece divulgar a ideia entre os frequentadores da biblioteca e envie mensagens às escolas de que a ideia já está em andamento. Avalie a reação das pessoas e peça opiniões sobre como deve ser o produto final.
- **Dê um nome à ideia**
  Books & Beans Café.

Tudo bem, agora é a sua vez...

Antes de passarmos para o Capítulo seguinte, "Mensuração", pense por um minuto nos mecanismos que estamos utilizando para promover a criatividade e inovação. Faça as seguintes perguntas:

- Quantas ferramentas você tem para criar ideias? Com que frequência você as utiliza?
- Com que frequência sua equipe compartilha ideias pessoalmente, por telefone ou por *e-mail*?

- Você dispõe de um transporte de ideias? As pessoas simplesmente aguardam no ponto e depois são apanhadas e conduzidas para uma experiência programada ou são elas mesmas que planejam suas viagens e experiências?
- Que nome você daria ao edifício de sua empresa, Q543-9A ou Sauna do Sultão?
- Com que rapidez você identifica uma oportunidade, utiliza filtros e encontra uma solução?

CAPÍTULO 4

Mensuração

A mensuração leva em consideração o desempenho qualitativo e quantitativo e oferece orientação e ***feedback*** *crítico a pessoas e organizações. O tipo de mensuração que você utiliza em nível organizacional evidencia o que é importante e em que as pessoas devem concentrar sua paixão e energia.*

O primeiro jogo de beisebol registrado foi realizado em Nova York em 1846. Mas esse esporte só se popularizou quando um imigrante inglês chamado Henry Chadwick entrou em cena. Um dos primeiros escritores de esportes do país, Chadwick fazia cobertura para o jornal *The New York Clipper*, o que ajudou a transformar esse jogo no **"passatempo norte-americano"**. Chadwick era também estatístico amador e desde o início era fascinado por utilizar números para identificar os jogadores que haviam feito um esforço máximo — ou mínimo — para ajudar o time. Ele é considerado o pai da tabela de desempenho dos jogadores, da média de rebatidas e da média de corridas cedidas. Muito mais interessado em rebatidas válidas, *home runs* e no movimento dos jogadores em campo, Chadwick deixou algo fora de sua avaliação — o *walk* (ganhar a base de graça). Ele achava esse fator tão irrelevante, que nem mesmo o considerou como uma oportunidade no bastão.[1]

As estatísticas de Chadwick logo se transformaram no sistema de classificação do beisebol utilizado na prática. Os fãs recorriam a essas estatísticas para avaliar os jogadores. Os proprietários dos times começaram a utilizá-los para determinar salários e os jogadores mudaram sua maneira de jogar para ganhar pontos nas estatísticas. As coisas continuaram assim por mais ou menos 140 anos, até que surgiu Billy Beane. Beane, que se tornou gerente geral do Oakland Athletics no final da década de 1990, percebeu que o *walk* é equivalente a uma rebatida simples, e criou uma nova estatística — porcentagem na base (*on-base percentage* — OBP) —, que indicava o número total de vezes que um jogador não havia saído da base — rebatidas válidas, *walks* e ser acertado por um arremesso (*hit by pitch*). Utilizando essa nova estatística, Beane propôs um método bem diferente para avaliar o desempenho de ataque dos jogadores. Ele utilizou a OBP e outras estatísticas criativas para formar times que disputam campeonatos por uma fração do que muitos outros clubes estavam gastando. Levou muitos anos para que os fãs — e depois outros gerentes gerais — entendessem os métodos de Beane. Mas com o tempo eles conseguiram.[2] (Para ter uma ideia do quanto a ideia de Beane foi revolucionária, leia o livro *Moneyball*, de Michael Lewis.)

O antigo princípio: **"O que pode ser medido pode ser realizado"** está completamente certo. É verdadeiro no mundo dos esportes e mais verdadeiro ainda quando se refere à avaliação de êxito individual nos negócios. E o problema em ambas as áreas é que as pessoas moldam seu jogo ou constroem sua carreira e contas bancárias adaptando seu comportamento para satisfazer o critério com base no qual são avaliadas. Pense nas controvérsias em torno de **"ensinar para a prova"** no sistema das escolas públicas norte-americanas para considerar as implicações dessa questão.

O que ocorre com as pessoas que não ajustam seu comportamento aos critérios prevalecentes? Bem, tome como exemplo o arremessador Tommy John. Durante uma carreira que durou mais de 26 temporadas, John colecionou estatísticas bastante impressionantes em muitas categorias que normalmente são utilizadas para classificar arremessadores, mas ele nunca foi indicado para o Hall da Fama. John ganhou mais jogos, arremessou em mais jogos completos e em mais *innings* (entradas) totais e teve uma média de corridas cedidas inferior à de muitos arremessadores que já estão no Hall. Ele tinha um bom controle e um *sinker ball* (bola que afunda) cruel que forçava os rebatedores a atingir a bola no chão. Mas John nunca foi um arremessador exibido. Ele não arremessou bolas a 140 km/h e não eliminou muitos rebatedores. Por isso mesmo Tommy John que se sobressaiu durante muito mais tempo do que a maioria dos jogadores que estão no Hall da Fama, ele nunca se qualificou porque não tinha as estatísticas **"certas"**. ***Strikeouts*** e **velocidade** atraem a atenção. **Consistência** e **longevidade** não.

Quantos arremessadores estão tentando aumentar sua velocidade e ganhar *strikeouts* em vez de desenvolver um *sinkerball* mais preciso? Quantos funcionários e gerentes estão engavetando grandes ideias porque essas ideias não podem ser medidas ou classificadas? E quantas empresas estão perdendo oportunidades porque não informam seus funcionários de que consideram a criatividade e a inovação importantes?

Infelizmente, a resposta para todas essas perguntas é: **"muitos"**. Quando avaliamos duzentos líderes que disseram ter paixão por inovação, apenas **sete** disseram que avaliam e monitoram atividades relacionadas à criatividade.[3] Avaliar atividades criativas e resultados é um primeiro passo fundamental para promover e recompensar essas atividades. Sem avaliação, todas as culturas criativas definharão e morrerão.

Estabeleça padrões mensuráveis para formular expectativas

Da mesma forma que os jogadores de beisebol moldam seu desempenho de acordo com as regras do jogo e com a maneira como são avaliados e recompensados, os funcionários respondem a uma política oficial. Quando não há outra saída, os indivíduos arcam com suas ações e com os riscos que eles assumem com base no que está explícito, e não no que está implícito. É evidente que os funcionários respondem ao que está escrito. Isso é o que respalda, orienta e indica como esperam ser avaliados.

Poucas pessoas pecam em corresponder a valores corporativos como "excelência" ou "prazer no trabalho" se, ao fazê-lo, correrem o risco de não atender a uma expectativa mais explícita. Com muita frequência as regras e medidas relacionadas ao que é necessário para ser criativo ou inovador são obscuras ou parecem sugestões, e não expectativas explícitas de desempenho na função.

Considere o que ocorre quando existe uma diferença entre o que a empresa afirma serem seus objetivos (pôr os clientes em primeiro lugar, por exemplo) e as medidas que ela na verdade emprega (receber o maior número de ligações por hora, isto é, dedicar o menor tempo possível aos clientes). É exatamente por mensagens ambíguas como essas que Tony Hsieh, diretor executivo da Zappos, famosa loja de calçados *on-line*, precisou "destreinar" os novos funcionários de seu *call center*. Embora a dedicação irredutível à eficiência possa ser admirável em determinadas circunstâncias, isso se opõe à visão ideal da Zappos sobre atendimento ao cliente, segundo a qual uma ligação deve durar o quanto for necessário. No processo de "destreinar" e retreinar cada um de seus funcionários, a Zappos estabeleceu a expectativa de que cada funcionário concentre-se em experiência, e não apenas nas vendas. Por isso, depois de uma semana no programa de treinamento intensivo de quatro semanas, a Zappos ofereceu aos funcionários que estão sendo treinados uma bonificação de US$ 2.000 para "desistirem imediatamente de trabalhar na empresa". Essa oferta ajudou a Zappos a garantir que estava investindo no treinamento de funcionários que apoiarão a missão da empresa a longo prazo.[4]

Com relação ao que você está avaliando neste exato momento, acha que sua organização está criando a expectativa de que todos devem lutar por uma mentalidade inspirada e um processo criativo? Se você estiver avaliando apenas retornos financeiros de curto prazo, isso significa que está reprimindo a inovação.

As ferramentas que utilizamos em qualquer situação geralmente definem como as abordamos. Lembre-se da famosa máxima de Maslow: "Se a única ferramenta que você tem é um martelo, você tende a ver todos os problemas como um prego." É fácil avaliar o sucesso pela frequência com que utilizamos nossas ferramentas. Pense em um policial que está fazendo uma ronda. Em vista das várias ferramentas ao alcance do policial, seria fácil definir seu comportamento com relação à utilização do cassetete, de algemas, armas, gás de pimenta e rádio.

Lamar Tooke, diretor da Associação de Policiamento Comunitário de Virgínia, ajudou os policiais a reformular as expectativas do departamento de polícia. Ele queria que eles entendessem que a solução para o crime não está nas várias ferramentas que eles carregam no cinturão. Tooke queria que eles resolvessem os problemas da comunidade utilizando a cabeça e que recorressem às armas apenas em último caso.[5]

O mesmo é válido para os cidadãos comuns. Talvez pela falta de conhecimento ou treinamento, ou pela confiança em excesso nas ferramentas com as quais estão familiarizados, no ambiente organizacional os indivíduos tendem a propor o mesmo tipo de solução para todos os problemas que encontram. No âmbito corporativo, nós nos condicionamos a medir sucesso utilizando ferramentas como Outlook, PowerPoint, PDAs, *briefs* criativos, sessões de *brainstorming*, políticas corporativas, pressão de grupo, recompensas, bonificações e programas de reconhecimento. Precisamos superar esses condicionamento e abrir nossas organizações para alternativas mais adequadas para medir o sucesso.

Reformule suas medidas para redirecionar o foco

Algumas vezes medidas igualmente válidas podem oferecer perspectivas radicalmente diferentes. Os Beatles são possivelmente uma das melhores (se não **a** melhor) bandas de todos os tempos. Você pode avaliar isso através de todas as formas tradicionais: número de canções, venda de discos, direitos autorais gerados, canções regravadas por outros artistas e canções que inspiraram um dos melhores *shows* do Cirque de Soleil (e isso diz muito), *Love*. Com todas essas medidas, os Beatles estão no topo ou perto. Com os mesmos padrões, o Velvet Underground não é nem de longe tão bem-sucedido. Contudo, um amigo meu argumenta que o Velvet Underground na verdade foi mais importante na história do *rock and roll* porque compôs uma música tão revolucionária, com tanta paixão e propósito, que a banda inspirou milhares, se não dezenas de milhares de músicos, a seguir sua própria genialidade musical e formar suas próprias bandas. Ele apostou comigo que o Velvet Underground é considerado uma influência artística sobre os encartes dos discos e os *sites* de mais bandas do que os Beatles. (Espero que algum dia uma alma devotada consiga resolver essa aposta.)

Mas qual grupo teve maior impacto? Os Beatles, por vender centenas de milhões de discos, ou o Velvet Underground, que possivelmente desovou milhares de outras bandas? Essa é uma pergunta difícil: são duas estruturas diferentes de mensuração, ambas válidas dentro do mesmo setor, mas cada uma aponta para um resultado de valor exclusivo.

O propósito dessa controvérsia hipotética é mostrar que nem todas as estruturas de mensuração são iguais. Algumas vezes precisamos reenquadrar completamente o que estamos medindo — ou o fator em que estamos investindo. Durante a Segunda Guerra Mundial, o governo britânico pediu ao matemático húngaro Abraham Wald para que ajudasse a avaliar as avarias nos aviões que retornavam dos combates para determinar o melhor lugar para instalar uma blindagem complementar. Utilizando uma exaustiva análise numérica e representação gráfica, eles haviam identificado as áreas nos aviões mais propensas a serem atingidas e estavam preparados para reforçá-las. Entretanto, Wald adotou uma abordagem completamente diferente, sugerindo que reforçassem as áreas que **não** haviam sido danificadas. Obviamente, os aviões estudados haviam conseguido voltar dos combates mesmo com aquelas avarias, e isso indicou a Wald que as áreas que normalmente sofriam avarias não eram críticas. Os aviões que não voltaram provavelmente haviam sido atingidos em outros pontos, o que os fez cair.[6]

A abordagem **aparentemente ilógica** de Wald na verdade era **perfeitamente lógica**. Será que sua organização não tem concentrado suas avaliações nos indicadores errados? Se sim, ela pode estar deixando lacunas em seu desempenho no mercado.

Utilize medidas alternadas para avaliar a criatividade e a inovação

Não faz muito tempo, a *UrbanDaddy*, uma revista digital, publicou uma crítica sobre o Simyone, um bar subterrâneo que acabava de ser inauguradono bairro Meatpacking em Nova York. Entretanto, em vez de avaliações comuns (decoração, qualidade musical, pagamento de serviço de atendimento etc.), o bar utilizou um sistema de classificação completamente diferente, que incluía medidas como as seguintes:

Pessoas aguardando do lado de fora às 2 da madrugada em uma terça-feira: *31*
Leões de chácara: *2*
Motociclistas Hells Angels aficionados em frente à porta principal: *10*
Tijolos de vidro usados na decoração: *234*
Número de pessoas dentro do bar: *133*
Proporção de mulheres/homens: *3:2*
Número de pessoas que queríamos ver na pista de dança: *68*
Número de pessoas que estavam na pista de dança: *52*
Porcentagem de pessoas que estavam na pista de dança e não dançavam: *5,77%*
Número de vezes em que fomos levados a pensar que a garçonete estava pronta para passar o resto da vida conosco se comprássemos uma garrafa: *3*
Garrafas compradas: *3*

A discussão sobre medidas não tem a ver com **"certo"** ou **"errado"**. Tem a ver com abordar as medidas de uma forma diferente. No caso da *UrbanDaddy*, os críticos utilizaram algo muito diferente do usual — estrelas, polegar voltado para cima ou cifrões de dólar — para oferecer ao leitor um novo ponto de vista em um cenário urbano que estava nascendo.[7]

Pense em medidas simples e eficazes como: **"Quantos minutos por dia nos dedicamos ao desenvolvimento de ideias?"**. Muitas empresas não adotam essa medida simples, mas empresas como 3M e Google fazem isso de uma forma bastante evidente. Essas empresas pedem aos funcionários para que dediquem determinada quantidade de tempo de trabalho, todos os dias, ao desenvolvimento de projetos que estão relacionados à sua paixão pessoal e a projetos de pesquisa. Essas duas empresas podem apontar os novos produtos e os fluxos de receitas que são fruto dessa ordem para deixar as obrigações normais de lado e considerar novas possibilidades.

Segundo Donna Sturgess, inovadora do "ruído azul" que comentamos no primeiro Capítulo, muitas das organizações atuais estão saturadas de dados, favorecendo planilhas eletrônicas e análises de dados em detrimento de possibilidades arriscadas que talvez não apresentem bons resultados de teste. "Com muita frequência, percebo que os funcionários trabalham para juntar todos os fatos a fim de vender uma ideia dentro da organização", afirmou ela. "Entretanto, no momento em que conseguem concluir, os dados já estão obsoletos e muito atrasados e eles são então sobrepujados. Mesmo tendo as ferramentas mais sofisticadas e as medidas mais sofisticadas, os clientes continuam não estando satisfeitos,"[8] salientou Donna Sturgess.

Donna Sturgess concentra sua energia no sentido de mudar a forma como as pessoas abordam as medidas de sucesso, estimulando-as a seguir em frente sem hesitar e a perseguir ideias notáveis com confiança. Se você perceber que está complicando demais as medidas para testar uma ideia, isso significa que você negligenciou outras ideias que poderiam ter impacto para seus clientes.

Talvez não seja um título muito inspirador, mas Mary Benner, da Universidade da Pensilvânia, e Michael Tushman, da Escola de Negócios de Harvard, realizaram um estudo denominado *Process Management and Technological Innovation: A Longitudinal Study of the Photography and Paint Industries* (*Gestão de Processo e Inovação Tecnológica: Um Estudo*

Longitudinal dos Setores de Fotografia e Pintura). Esse estudo mostrou exatamente como algumas as medidas podem afetar (e reprimir) sensivelmente as iniciativas de inovação.[9] Eles examinaram as organizações que haviam implementado iniciativas de melhoria de processo criadas para aumentar a produtividade e constataram que, com o passar do tempo, essas organizações tendiam a se concentrar mais em **"exploração"** (*exploitation*) do que em **"pesquisa"** (*exploration*). Esse tipo de abordagem recompensa indivíduos e equipes para que criem inovações rápidas por meio de ideias incrementais — normalmente adaptando produtos ou processos já existentes para obter ganhos de curto prazo. O foco nesse tipo de **"inovação"** ou em iniciativas de **"melhoria de processo"** acaba limitando a pesquisa, que requer um pouco mais de

Avaliando as conexões entre comportamentos, atitudes, inovação e criatividade

Quando converso com clientes ou grupos sobre a utilização de medidas certas, geralmente escuto comentários como: "É fácil medir a inovação — basta examinar os resultados de mercado. Mas não é possível medir a criatividade." Bem, devo afirmar que é possível sim. E nós fizemos isso.

Desde 2002, por meio de nosso trabalho com Kim Jaussi, da Universidade de Binghamton, avaliamos comportamentos e atitudes que estão associados com criatividade e inovação — e aqueles que não estão. Desde então, mais ou menos 3.000 indivíduos em todos os setores possíveis, de avaliadores financeiros a conglomerados de entretenimento, participaram desse levantamento, e temos uma sólida percepção das conexões e desconexões entre atitudes, comportamentos, percepções e realidade. Mencionei muitas delas em vários momentos nos Capítulos anteriores, e incluímos um apêndice escrito por Kim Jaussi que mostra mais detalhadamente o que constatamos. Contudo, neste momento, apresento uma amostra de nossas constatações, contrapostas aos cinco pilares ou 5 Ms:

- **Atmosfera (*Mood*).** Os seguidores que afirmaram que são inspirados pelos líderes a se sentirem mais criativos **são** mais criativos no ambiente de trabalho. Você inspira ativamente sua equipe?
- **Mentalidade.** Os indivíduos que se consideravam criativos são mais criativos no ambiente de trabalho quando aplicam aspectos específicos de suas experiências fora do trabalho à resolução de problemas relacionados ao trabalho. Você utiliza suas paixões e interesses no trabalho?
- **Mecanismos.** Examinar outras organizações para buscar ideias é uma atitude que está relacionada positivamente com ser mais criativo no trabalho. Até que ponto você olha para fora do âmbito de sua empresa?
- **Mensuração.** Quando a empresa amplia sua definição de medidas de sucesso, uma nova estrutura de referência costuma gerar novas ideias. Sua empresa tem reavaliado o que tem sido considerado como medidas absolutas?
- ***Momentum*.** Os líderes que se veem como catalisadores de criatividade e consideram esse papel importante para o que eles são têm seguidores mais criativos no ambiente de trabalho. Você é um diretor/gerente/administrador ou um catalisador de criatividade? Você pode ser os dois?

tempo e risco, mas é exatamente isso que gera ideias revolucionárias e transformacionais.

Tudo bem, agora é a sua vez...

Acredito que agora você já compreendeu que no mínimo você deve examinar mais de perto algumas das medidas que utiliza para determinar o sucesso ou insucesso e como essas medidas estão afetando a inspiração, a criatividade e a inovação — dos indivíduos, das equipes e de sua empresa em geral. Para fazê-lo, sugiro veementemente que você dedique algum tempo à reflexão sobre as seguintes perguntas abrangentes:

- Que comportamentos ou atividades que estão sendo avaliados atualmente em sua empresa de fato geram inovação?

- Que mudanças de "um degrau" você pode realizar em cada uma dessas medidas para conseguir um volume de inovações duas vezes maior?
- O que você deveria avaliar em vez disso?
- Existe diferença entre o que você diz que deseja e o que você de fato avalia?

Agora vamos detalhar um pouco mais. Nos parágrafos seguintes, relacionarei algumas perguntas que você possivelmente gostaria de fazer a respeito de seu método de avaliação: atmosfera, mentalidade e mecanismos. (Essas perguntas são complementares àquelas que são apresentadas no final dos Capítulos anteriores.) Essas perguntas lhe oferecem uma estrutura para encontrar novas medidas que podem gerar inovação e criatividade em sua organização.

Você deve manter em mente dois fatores enquanto analisa essas perguntas. Primeiro, elas são apenas uma **orientação**. Para adaptá-las à sua organização, você precisa ajustar as ideias e sugestões que essas perguntas trazem à tona. Segundo, como todas as empresas e todos os grupos de indivíduos são diferentes, **não existem respostas certas ou erradas**. (Ou seja, quanto maior o número de respostas "nenhuma" ou "muito pouco" ou que apresentem uma pequena porcentagem, maior o trabalho que você tem pela frente.)

Avaliando a atmosfera

Considere as seguintes perguntas para avaliar a atmosfera em sua organização:

- Quantas pessoas olham em seus olhos quando você conversa com elas?
- Com que frequência as pessoas o cumprimentam quando você passa pelos corredores?
- Quantas pessoas trabalham em outros lugares além de em sua própria mesa de trabalho ou em casa?
- As pessoas costumam esconder objetos (petiscos, canetas, grampeadores etc.)?

- Quantas pessoas entram em sua sala ou em sua baia e se servem dos doces que estão sobre sua mesa? Você **mantém** doces em sua mesa?
- As pessoas decoram seu espaço de trabalho com coisas interessantes, pessoais e instigantes?
- Que atos seriam censurados no ambiente de sua empresa e que não o seriam em um pátio de recreio (coisas como interromper, falar alto, interagir com pessoas de outra sala de aula)?
- Quantos "dias alegres" você tem ao longo de um ano? O que torna esses dias alegres?
- Você tem um lugar onde as pessoas possam ir para relaxar um pouco? (Uma empresa que conheço tem uma "sala de luta", com luvas, megafone e até uma área para os espectadores. Você não precisa ir tão longe, mas acho que você entendeu o espírito da coisa.)

Avaliando a mentalidade

Veja algumas perguntas que podem ajudá-lo a avaliar a mentalidade em sua organização:

- Quanto tempo por semana você e sua equipe dedicam a projetos que estão além de suas responsabilidades principais, mas pelos quais você (e eles) são apaixonados?
- Quantos projetos fracassam a cada trimestre? (Se a resposta for nenhum, talvez você não esteja se arriscando o suficiente).
- Quanto tempo as pessoas podem passar conversando ao lado do bebedouro sem sentirem receio de que as pessoas pensem que elas "não estão trabalhando"?
- A recomendação de "falar tudo o que se pensa" é desestimulada?
- Em sua opinião, que porcentagem de sua equipe diria que é estimulada a ser criativa e inovadora?

Avaliando os mecanismos

Falamos sobre vários mecanismos utilizados para estimular a criatividade e a inovação. Veja algumas perguntas que podem ajudá-lo a avaliar com que eficiência sua organização utiliza esses mecanismos:

- Quantas ideias você criou hoje?
- Quantas vezes por ano você muda de mesa? E os funcionários da empresa?
- Qual mecanismo você está utilizando para inspirar a criatividade e a inovação e qual foi a última vez que você reavaliou a eficácia desse mecanismo?

Avaliando a mensuração

Considere estas perguntas e ideias para avaliar sua abordagem atual de avaliação da criatividade e da inovação em sua organização:

- Quem consegue manter uma bala de goma por mais tempo na narina?
- Você avalia o volume "bruto" de contentamento (felicidade) organizacional?
- Você sabe qual é a pessoa mais alta de sua organização? Quem consegue fazer mais abdominais? Quem é o melhor poeta? Quem é o melhor compositor, músico, comediante, corredor, ciclista, cinéfilo?
- Você mede quantos quilômetros seus colegas viajam por ano?
- Quais outras medidas estão inspirando a criatividade e inovação? Elas deveriam ser aprimoradas ou alteradas com o objetivo de provocar maior impacto?

Avaliando o momentum

Falaremos sobre *Momentum* no próximo Capítulo. Apresento a seguir algumas perguntas que podem ajudá-lo a avaliar as iniciativas de sua organização para criar e manter o *momentum* criativo:

- Quantas premiações ou rituais de reconhecimento dão destaque aos indivíduos que promovem a cultura organizacional? (Por exemplo, "Bom trabalho, fulano, por ter organizado o almoço de Ação de Graças em vez de ficar trabalhando até tarde na preparação de outro P*owerPoint*.")
- Você faz um "anuário" para enaltecer pessoas, ideias e eventos do ano?
- Você conta histórias a respeito das pessoas que integram sua equipe de trabalho? Sua organização tem o cargo de contador de histórias?
- Sua organização tem algo que represente a tocha olímpica? Até onde ela viaja? Quem a carrega? Como ela é mantida acesa?
- Existe um momento em sua agenda para a criatividade e inovação? Se não, que atitude ou comportamento ousado poderia criar esse momento?

CAPÍTULO 5

Momentum

O termo ***momentum*** *(movimento) no mundo dos negócios tem o mesmo significado que na física: um corpo em descanso (repouso) mantém-se em descanso e um corpo em movimento continua em movimento. Em outras palavras, momentum é um ciclo que se autorreforça para germinar a inovação e que decorre da defesa e da celebração contínuas da inspiração.*

"Você precisa dar às batatas espaço para respirar." Essa simples frase mudou o ponto de vista do pessoal de uma grande empresa de serviços *wireless* a respeito de liderança organizacional. Ela surgiu exatamente no final de um programa de desenvolvimento de liderança de um ano de duração, ministrado para executivos de alto potencial e planejado e conduzido por Alicia Mandel e Courtney Harrison. Além disso, essa frase ajudou a implementar uma das lições sobre *momentum* mais importantes desse programa — as ações, os espaços e as discussões que mantêm a inovação e a criatividade vivas e relevantes em qualquer organização.

Essa empresa de defesa tecnológica precisava de algumas perspectivas novas para seus líderes nascentes. Ela havia crescido tão rapidamente, que todos sentiam que haviam chegado a um ponto de exaustão e ruptura. Courtney Harrison convidou nossa equipe para facilitar algumas das sessões e conduzir algumas discussões importantes.[1] Desse modo, após uma manhã de palestras em Stanford, levamos todo o grupo de executivos já exaustos ao ônibus e seguimos para uma área rural para encontrar um pouco de inspiração. Chegamos então à fazenda Green String em Petaluma, no estado da Califórnia, onde fomos recebidos por Bob Cannard, proprietário e administrador. Com 1,80 m de altura, bronzeado intenso e cabelos grisalhos, Bob tem a aparência envelhecida de um homem que passou mais de 30 anos trabalhando na terra. É também um visionário ousado que administra uma organização surpreendentemente sustentável e produtiva, e por isso queríamos ver o que o grupo poderia aprender com ele.

Os participantes se sentiam desconfortáveis tanto em suas roupas (agora) extremamente formais quanto em espírito, em dúvida sobre se de fato poderiam aprender algo útil a respeito de liderança corporativa ao ar livre, sob um escaldante sol de agosto, em uma fazenda no condado de Sonoma. Afora isso, não se tratava de uma operação tão sistemática e profissional. Embora a Green String fornecesse alimentos a alguns dos melhores restaurantes na área da baía de San Francisco, o lugar se parecia com uma comunidade *hippie* decadente — os trabalhadores vestiam roupas tingidas e as caixas de verdura e legume eram transportadas em uma antiga perua Volkswagen.

Entretanto, enquanto o fazendeiro explicava suas operações e sua filosofia básica, a dinâmica do grupo começou a mudar. As pessoas interromperam as conversas paralelas e inclinaram-se para ouvir melhor. De pé, em frente a um canteiro de batata, Bob Canard explicou que ele vê sua fazenda como um ecossistema, não apenas como uma unidade de produção de verduras e legumes. Ele busca constantemente um equilíbrio entre uma produtividade consistente e de alta qualidade e uma sustentabilidade de longo prazo. Diferentemente de muitas fazendas comerciais, ele planta uma fileira de verduras ou de legumes e uma de ervas daninhas. E lá estava — uma fileira de verduras/legumes, uma fileira de ervas, verduras/legumes, ervas, repetidamente, até onde a visão do grupo podia alcançar.[2]

Os membros do grupo ficaram chocados com a **ineficiência**. O fazendeiro não podia dobrar sua produção se deixasse de lado as ervas e plantasse verduras e legumes em todas as fileiras? Por que desperdiçar espaço e trabalho plantando algo que não pode ser vendido? Eram perguntas sensatas vindas de um grupo de pessoas que pensavam como administradores.

"Foi então que ele nos disse: 'Vocês precisam dar às batatas espaço para respirar,'' lembra-se Alicia Mandel. "Isso parece tão ridículo, mas foi uma metáfora excelente para liderança — as fileiras de erva ao lado das fileiras de batata. Na verdade, as ervas serviam de nutriente para as batatas e lhes davam espaço para crescer."[3]

Bob Canard continuou explicando, dizendo então que plantar uma fileira após outra apenas de legumes ou verduras cansaria demasiadamente o solo e aumentaria muito os riscos. "Meu trabalho é obter a melhor colheita com o mínimo de insumo, como fertilizantes, por exemplo", disse ele. "E não matamos insetos aqui", continuou. Em vez de usar pesticidas, ele cultiva outras plantas — todas aquelas ervas — que atraem os insetos e os mantêm longe dos legumes e verduras que serão servidos nos restaurantes. Em vez de tentar lutar contra a natureza para obter a produção desejada, ele acata a natureza e utiliza isso a seu favor.

O grupo de tecnologia começou a se dar conta de que a pressão exercida pelo rápido crescimento da empresa na verdade a havia transformado em uma organização que estava exaurindo sua cultura criativa. Eles perceberam também que estavam lutando contra a natureza humana e tentando extrair o máximo de seus funcionários. Os seres humanos não têm estrutura para atuar sempre na velocidade máxima; esse não é o melhor caminho para a eficiência, e simplesmente é insustentável. Essa empresa de serviços *wireless* precisava daquela "fileira de ervas" irregular e nutritiva para dar aos funcionários espaço para respirar — menos **estrutura** e mais **inspiração** —, em vez de mais controles e processos mais rígidos. Na verdade, a viagem em si ofereceu um caminho indireto, a fileira de ervas, por assim dizer, para os funcionários descobrirem o que era necessário para seu próprio crescimento.

Os funcionários estão vivos e eles precisam de cuidados. O excesso de estresse físico pode esgotar a energia criativa de qualquer organização. A celebração de momentos importantes numa organização dá a todos espaço para respirar, se recompor e crescer. Todos os outros desencadeadores de inspiração — atmosfera (*mood*), mentalidade, mecanismos e mensuração — nos levam ao *momentum*. Vejamos algumas ideias específicas para a criação desse *momentum* dentro de uma organização.

O *momentum* para a inovação ocorre com o enaltecimento dos indivíduos, das equipes e da organização como um todo. O *momentum* é o que mantém a cultura de criatividade e de inspiração em movimento — e essa é uma lição que aprendi com meu pai há muitos anos.

Quando executivo na Chevrolet, meu pai nunca deixou de celebrar momentos importantes com os milhares de indivíduos que construíram a organização. Todas as tardes, antes de voltar para casa, seu assistente, Claire Walacko, passava ao meu pai uma pequena ficha de anotações que delineava a agenda do dia seguinte. (Essas fichas serviram de inspiração para os *think cards* — cartões de ideias — que utilizo atualmente para registrar lições importantes). No verso de cada ficha, havia uma relação das pessoas que comemorariam seu aniversário de nascimento, seu aniversário na empresa ou outro evento importante no dia seguinte. No outro dia, antes de começar a fazer qualquer outra coisa no escritório, meu pai reservava um tempo para percorrer a empresa e felicitar aquelas pessoas — não importava o tempo que isso levasse ou quantas pessoas ele precisasse congratular. Ele sabia que aquelas pequenas celebrações eram importantes para inspirar a equipe e criar o *momentum* criativo da organização.

Defenda a autonomia para dar às pessoas espaço para respirar

Uma parte importante da celebração é que ela nos permite aprender a relaxar, a conceder autonomia às pessoas da linha de frente da organização para fazer o que precisa ser feito. Pergunte a Mary Ann Kehoe, administradora da casa de repouso Good Shepherd em Wisconsin, e ela lhe dirá que os desafios diários de administrar uma casa de repouso são inúmeros (condições estressantes, pacientes com demência e muitos outros). É por isso que os funcionários de Kehoe participam do programa Wellspring, que oferece treinamento complementar para os assistentes dos enfermeiros — os membros da equipe de funcionários em posição inferior e que são os primeiros a oferecer cuidados aos pacientes. Esse treinamento, além de ensinar técnicas e métodos valiosos de cuidados aos pacientes, também estimula os assistentes a fazer mudanças e melhorias positivas para seus pacientes sem precisar procurar aprovação do escalão superior.

Embora Kehoe tenha apoiado a iniciativa Wellspring, ela ficou alarmada quando entrou no prédio certa manhã e viu enormes círculos pretos pintados no chão. Um dos supervisores explicou que, por meio do Wellspring, os assistentes aprenderam que os pacientes com demência veem áreas escuras como espaço desconhecido e evitam cruzá-las. Ao pintar esses círculos pretos em frente de todas as saídas de emergência, os assistentes criaram uma alternativa muito mais tranquila para o som estridente dos alarmes que costumavam ser acionados para notificar os funcionários de que um paciente perturbado estava tentando sair do edifício.

Além disso, os pacientes com demência com frequência perambulam por outros quartos e pegam objetos pessoais de outros pacientes. Por isso, os assistentes — novamente, sem nenhuma permissão — foram a um brechó, compraram uma cômoda antiga e algumas sacolas de roupas e colocaram-na no corredor principal. Desse modo, os pacientes curiosos, travessos ou confusos ficavam mais atraídos pelas recompensas bem mais acessíveis presentes no corredor.

Com a eliminação da necessidade de os funcionários receberem permissão para realizar qualquer pequena melhoria, Kehoe estava aproveitando o conhecimento coletivo das pessoas mais familiarizadas com seus clientes (nesse caso, pacientes) e estimulando os funcionários da linha de frente a ser mais criativos e inovadores. Em consequência disso, além de melhorar a vida dos pacientes da casa de repouso Good Shepherd, isso diminuiu surpreendentemente a rotatividade de funcionários de 110% (que é a média no setor) para apenas 17% ao ano. Atualmente, existe até uma lista de espera para ser contratado pela Good Shepherd. Meu objetivo com esse exemplo é somente mostrar os benefícios extraordinários que você poderá obter quando finalmente der permissão a você e à sua equipe para agir.[4]

Os seres humanos não são autômatos, embora muitas organizações os tratem com se fossem. Hoje, trabalho significa uma lista interminável de pequenos afazeres. Redigir um resumo de uma reunião para seu chefe. Elaborar um modelo financeiro. Ir a uma reunião. Encomendar um novo *notebook*. Levar o telefone para consertar. Reservar um voo para o dia seguinte. Remarcar o mesmo voo para poucas horas mais tarde porque o horário da reunião mudou. Pedir ao assistente de outras pessoas para remarcar a reunião que você vem remarcando há três semanas. Reformular a política de RH. Criar uma apresentação no *PowerPoint*. Ir a outra reunião. Revisar outra apresentação. E isso continua ininterruptamente. É para isso que você se levanta todas as manhãs?

O comediante George Carlin sempre dizia jocosamente que a escola na verdade constitui um abuso infantil. Algumas vezes o mundo dos negócios também não parece um abuso de **adultos?** Nossas organizações, demasiadamente sistematizadas e hipereficientes, nos mantêm ocupados, tão ocupados a ponto de parecer completamente normal nos sentirmos sem inspiração. Entretanto, os seres humanos são curiosos e criativos por natureza; se você não der espaço para as pessoas crescerem, destruirá a essência de sua identidade. Os líderes precisam fazer algo em relação a essa falta de apoio e estímulo à criatividade. Do contrário, a empresa não conseguirá crescer e mudar da maneira que precisa.

A inspiração é tão natural para nós quanto respirar. Porém, já nos esquecemos de como é a sensação de estar inspirado — e inspirar outras pessoas — no mundo dos negócios. Com iniciativa e disciplina, podemos reaprender essa habilidade essencial e, no processo, criar o *momentum* da cultura criativa de nossa organização.

Adote (e imponha) uma política de inspiração

Abra o manual dos funcionários de qualquer empresa atual e encontrará uma variedade de políticas e normas: assédio sexual, norma de vestuário, confidencialidade, intervalos para refeições, assistência, pontualidade e praticamente qualquer outra coisa que você consiga imaginar. O pessoal de RH e os diretores executivos passam um longo tempo e despendem muita energia elaborando e revendo essas políticas para que os funcionários tenham uma compreensão clara sobre o que é esperado deles e possam desempenhar seu trabalho com a menor confusão possível. Mas por que ninguém ainda criou uma norma para a criatividade, colaboração ou inspiração? Acho que essas atividades são no mínimo tão importantes para o bem-estar da organização quanto uma regra que estabelece se você pode ou não usar um sapato aberto em uma sexta-feira informal. Muitas vezes, ouço empresários e funcionários dizerem que o maior obstáculo para um ambiente de trabalho inspirador é a visível falta de permissão para criar, idealizar ou apenas experimentar coisas novas. Ao que parece, pouquíssimas pessoas sentem que têm autoridade para se inspirar e exercitar a criatividade.

Não se preocupe. Consigo perceber o paradoxo de associar as palavras **política (norma), inspiração e criatividade**. Afinal de contas, não venho martelando a ideia de que você nunca deve perder a oportunidade de quebrar o hábito do "Sempre fizemos desse jeito"? Além disso, "política" e "Sempre fizemos desse jeito" não seriam essencialmente sinônimos? A resposta é **sim**, em **ambos os casos**. No entanto, sei que, se isso não for feito por escrito, muitos funcionários simplesmente não acreditarão que a administração está falando sério a respeito de promover a criatividade e a inspiração.

Basta pensar em **envolvimento dos funcionários**, que deveria ter algo a ver com manter as pessoas focadas, informadas, inspiradas e concentradas no que estão fazendo. Uma diretora de RH já antiga no cargo uma vez me perguntou como sua empresa poderia aumentar o envolvimento dos funcionários. Minha primeira pergunta foi: "Com o que a senhora deseja que seus funcionários se envolvam?". Após uma discussão infindável e repetitiva durante 40 min, sobre avaliações e padrões do setor, ela finalmente deixou escapar sua verdadeira pergunta e expôs sua prioridade real: "Quantas perguntas você colocaria em uma avaliação sobre o envolvimento dos funcionários? E você poderia entregá-las amanhã?".

Imaginava que o envolvimento dos funcionários fosse algo que cria e mantém o *momentum* dentro da organização ou uma iniciativa para arregimentar as tropas para que trabalhem de uma maneira diferente ou fiquem satisfeitas ou envolvidas de uma forma mais profunda. Para essa diretora de RH (e acredite, ela está longe de ser a única), envolvimento dos funcionários significa apenas mais uma tarefa — algo que os diretores precisam avaliar (utilizando um questionário padronizado) para que assim possam tirar esse "item" de sua lista de metas anuais.

Seja qual for a empresa, como você acha que os funcionários responderiam a um *e-mail* inesperado anunciando que a partir daquele momento a administração apoiaria a inovação, a inspiração e a criatividade? É mais provável que um decreto tão pouco criativo como esse provocasse suspeita ou apatia. Entretanto, e se uma política como a apresentada aqui estivesse escrita no manual dos funcionários? Todo novo integrante da equipe da Prophet pode encontrar uma cópia dessa política de inspiração junto de suas folhas de benefício e de seus formulários de imposto de renda.

Política de Inspiração

Para nós, uma empresa é apenas tão inovadora quanto as pessoas que ela consegue inspirar. A inovação se inicia quando permitimos que as pessoas sejam inspiradas e se inspirem mutuamente. A inspiração se apresenta de várias formas e formatos, e não existe apenas um caminho "certo" para encontrá-la ou assegurá-la. Para abrandar qualquer hesitação que nossos companheiros de equipe possam ter enquanto encontram seu caminho, oferecemos essa política de inspiração para esclarecer por que a inspiração é importante para nós e como você será apoiado e estimulado a desenvolvê-la em você mesmo e em seus colegas.

O que esperamos. Sua mesa é o pior lugar para você se inspirar. Para encontrar inspiração, você deve **explorar**. É por esse motivo que nosso lema corporativo em torno da inspiração é: "Olhe mais além e pense mais a **fundo.**" Você deve se sentir estimulado a sair de sua mesa para buscar novas ideias. Esperamos que você compartilhe suas investigações e descobertas, registre suas observações e transforme-as em ideias. Esperamos também que você colabore e estimule outras pessoas a se juntarem a você. Concluindo, gostaríamos que você pensasse na possibilidade de contribuir para a empresa como um todo. Sua responsabilidade é atender às expectativas funcionais de seu cargo, mas você tem oportunidade de contribuir para a cultura criativa coletiva de nossa organização.

Olhe mais além. A criatividade é responsabilidade de todos. Inspire-se:

- Saindo de sua mesa uma vez por dia com a finalidade expressa de alimentar sua curiosidade.
- Levando alguém com você sempre que possível.
- Visitando lugares que tenham grande potencial.
- Acreditando em seus instintos.
- Mudando sua perspectiva.
- Eliminando sua necessidade de encontrar uma solução.
- Arriscando-se e se esfolando (as bandagens estão ao lado da fotocopiadora).
- Sendo entusiasmado à sua maneira particular.

Pense mais a fundo. As ideias podem passar de desprezíveis a inestimáveis no espaço de tempo que você leva para anotá-las. Então:

- Compartilhe suas piores ideias.
- Não julgue as piores ideias de nenhuma outra pessoa.
- Acredite no processo. Celebre tanto o caminho quanto os resultados.
- Não predetermine quem terá uma boa ideia.
- Venda a história e a ideia.

Mantenha a convicção. Você é um catalisador de criatividade — não deixe que ninguém o convença do contrário. Portanto:

- Quando ouvir, "Não podemos nos dar ao luxo de fazer isso", você deve responder: "Não podemos nos dar ao luxo de **não** fazer isso."
- Quando alguma coisa começar a parecer muito intelectual, encare-a como experimental.
- Quando se tornar muito funcional, torne-a emocional.
- Se você não tiver entendido algo, é provável que outra pessoa também não tenha entendido. Manifeste-se.

Como um líder de inspiração, sempre procure pessoas que dispostas a ser ousadas e a falar a verdade, como minha colega Kara Franey. Na minha empresa, fomos além da elaboração de uma única política de inspiração e desenvolvemos o que chamamos de **proposição aos funcionários** para orientar nosso pensamento durante o processo de planejamento. Essa proposição é uma promessa aos funcionários ou um compromisso assumido com eles que especifica o que a empresa defende e representa, o que ela oferece aos funcionários e o que espera deles em troca. É uma declaração interna e abrangente utilizada para fundamentar a alocação de investimentos e recursos, estimular a equipe em torno das iniciativas e dos comportamentos que são corretos para o nosso trabalho. Veja como Kara Franey expressou essa proposição:

"Nosso sucesso é definido pelo nosso pessoal. Nós nos comprometemos com uma cultura criativa e colaborativa, em que as pessoas são responsáveis umas pelas outras e por nossos clientes.

Para respaldar essa visão, atrairemos pessoas extremamente talentosas que sejam apaixonadas, interessadas e interessantes.

Manteremos nossa equipe com as seguintes medidas:

- *Inspirando todos a aprender e a crescer, tanto profissionalmente quanto pessoalmente.*
- *Acolhendo positivamente seus pontos de vista exclusivos e oferecendo uma variedade de oportunidades com clientes e equipes a fim de envolvê-los.*
- *Celebrando, recompensando, e reconhecendo seus sucessos, sejam eles pequenos ou grandes."*

A proposição aos funcionários não compete com nossa visão, missão ou valores. É um mecanismo para ajudar a atrair, aparelhar, reter e dar apoio os companheiros de equipe para que eles possam apresentar ideias inspiradoras e factíveis aos nossos clientes. Em outras palavras, a proposição aos funcionários mantém nossa meta de ser a empresa que desejamos ser.

Independentemente de você utilizar apenas uma política de inspiração ou associá-la a uma proposição aos funcionários, você precisará de algum tipo de política formal que informe seu pessoal sobre o tipo de participação criativa que você espera e o que oferecerá em troca. A empresa que consegue expressar claramente sua abordagem às pessoas mantém e atrai apenas as melhores pessoas.

Delineie um caminho para a busca progressiva da paixão

Muitos líderes sabem que existe uma conexão entre o crescimento da organização e o crescimento e desenvolvimento profissional de seus funcionários. Entretanto, para criar um *momentum* criativo, você precisa levar em conta de que forma seu pessoal buscará progressivamente suas paixões **e** sua vocação. Como você pode criar oportunidades para que eles persigam suas paixões? Essa é uma pergunta que Rich Rischling, diretor do programa de inovação Crotonville da GE, se faz todos os dias. Rich Rischling ajuda a desenvolver e conduzir o curso de treinamento Liderança, Inovação e Crescimento (Leadership, Innovation, Growth — LIG) da GE. Ele é um daqueles raros indivíduos que percebem que existe uma conexão direta entre inspiração e paixão individual e ele utiliza essa percepção para preparar o *pipeline* de talentos.

Veja o que ele me explicou durante uma de nossas várias conversas: "Para mim, a inspiração realmente se resume a um despertar da mente. É se dispor a perguntar a um indivíduo não apenas: 'O que desperta seu interesse?", não apenas 'O que o instiga?', mas 'O que de fato envolve sua mente de tal maneira que você começa a buscar tal coisa, que você começa a potencializar essa curiosidade e a conectar-se com sua paixão?'. A inspiração nada mais é que a centelha que põe as coisas em movimento. Quando você a persegue e percebe aonde ela vai levar, é nesse momento que você enxerga o impacto sobre seu negócio."[5]

Sempre procurei oportunidades para utilizar minha paixão em nome da criatividade e experimentação. Quando era criança e vivia em Grosse Pointe, no Estado de Michigan, cortava grama para ganhar uns trocados. Competia com outras crianças do bairro e alguns jardineiros profissionais, mas foi minha criatividade que me ajudou a ganhar um cliente — e por muitos motivos esse cliente continuou sendo precioso para mim durante muitos anos.

Um de nossos vizinhos, Peter Schweitzer, ex-presidente da J. Walter Thompson na América do Norte, me ligou em um dia de verão para perguntar se podia passar por lá e cortar a grama de seu jardim. Os profissionais que costumavam prestar esse serviço não podiam comparecer naquela semana. Agarrei aquela oportunidade porque a casa dele não tinha apenas um jardim na frente e nos fundos. Tinha jardins laterais também. Eu sabia que, se conseguisse impressionar os Schweitzer, poderia acrescentar permanentemente à minha desgastada carteira US$ 30 por semana.

Primeiro cortei a grama do jardim dos fundos e depois cuidei do jardim dianteiro seguindo meu estilo usual, mas sabia que precisava fazer algo diferente com o jardim lateral para impressionar os Schweitzer. Em vez de seguir o movimento para a frente e para trás normalmente utilizado para deixar linhas retas, comecei pela margem externa e cortei a grama em espiral. Continuei até atingir o centro do jardim e então ergui o cortador e andei na ponta dos pés até a outra margem para que o cortador não deixasse nenhuma marca transversal na minha criação artística.

Os Schweitzer adoraram aquilo, e ganhei a "conta". Anos mais tarde, quando criei a Play, liguei para Peter Schweitzer para ver se conseguia algumas dicas sobre o mundo dos negócios. Ele era uma pessoa influente, e esperava que se lembrasse de mim. Ele me atendeu. "O garoto que cortou a grama em espiral, não é?", exclamou Schweitzer.

Ele me deu ótimos conselhos. Disse-me que deveria sempre olhar para meus clientes com base em três categorias:

- Os clientes que geram **receita** são os que pagam as contas. Eles são seu fluxo fixo de receitas.
- Os clientes de **portfólio** são aqueles que utilizam e aproveitam sua paixão e são histórias atraentes para compartilhar com o mundo, mas geralmente não geram muito lucro.
- Os clientes de **crescimento** que o forçam a desenvolver suas habilidades e aumentar seu valor.

Manter um equilíbrio saudável entre essas três categorias é a solução para tocar um negócio de sucesso, disse-me ele. Ainda penso sobre essa estrutura todas as manhãs no meu caminho para o trabalho. É dessa forma que decido onde devo investir meu tempo e energia para desenvolver nossa empresa.[6]

Porém, não faz muito tempo que percebi que essa estrutura também pode ser utilizada para manter o *momentum* e delinear a busca progressiva da paixão de cada pessoa de nossa equipe. Isso pode ajudá-lo a encontrar, criar e reservar oportunidades para a sua equipe que vão inspirá-la e estimulá-la a perseguir suas paixões.

Todos nós temos um trabalho a fazer e responsabilidades que nos são atribuídas — chame isso de descrição de cargo. São as oportunidades de **gerar receita**, as atividades que mantêm as luzes acesas. É em virtude dessas oportunidades que cada um recebe seu salário e a organização oferece benefícios financeiros aos acionistas. Se você for o líder responsável por criar *momentum*, precisa enaltecer a forma como cada indivíduo — do diretor executivo aos vendedores, aos porteiros e aos seguranças — contribui para a receita geral. Parte do delineamento do caminho para a busca progressiva da paixão consiste em oferecer autonomia e poder às pessoas para elas façam essas correlações. Até que ponto a maneira como os seguranças sorriem contribui para a obtenção de um novo negócio? Até que ponto o assistente que faz cópias frente e verso contribui para a sua lucratividade? A funções que não estão associadas com grandes somas também têm sua parte de contribuição em qualquer organização.

Toda pessoa precisa igualmente de oportunidades de *portfólio*, para lhe oferecer algo — não importa de que magnitude — do qual possa se orgulhar perante amigos, familiares e colegas. Permita que um novo funcionário participe de um retiro com os altos executivos da empresa. Peça ao segurança para participar de sua reunião de planejamento estratégico. Não sabemos ao certo o que ele poderá aprender com isso, mas oferecer oportunidades de portfólio às pessoas demonstra tanto a essas pessoas quanto aos demais integrantes que sua organização acredita que todos nós precisamos de uma dose de inspiração genuína, uma dose que não tem nada a ver com suas responsabilidades habituais ou nem mesmo com seu desenvolvimento profissional. Perceba que os benefícios das oportunidades de portfólio não serão vistos tão imediata ou quantitativamente quanto os das oportunidades de receita e de crescimento.

Concluindo, todo funcionário precisa ter a chance de trabalhar em oportunidades de **crescimento**. Essas oportunidades referem-se a projetos ou iniciativas que permitem que os indivíduos desenvolvam suas habilidades e utilizem seu talento de uma maneira não necessariamente relacionada às atribuições de seu cargo. As oportunidades de crescimento podem até exigir maior treinamento e desenvolvimento, mas elas mobilizam os indivíduos pelo fato de desafiá-los e lhes conceder autonomia e poder para assumir riscos. As pessoas que procuram oportunidades de crescimento podem fracassar. Contudo, como líder, você é responsável esclarecer que o fracasso **é** uma opção. Sem essa mensagem clara, as pessoas ficarão indecisas sobre se devem ou não depositar todo o seu eu nessa iniciativa.

Recarregue-se com uma licença sabática radical

Congratular seus colegas de trabalho de variadas maneiras é fundamental para o *momentum* criativo do grupo como um todo, mas é igualmente importante que as pessoas (especialmente os líderes) se congratulem. Na Prophet, temos a política da licença sabática radical, que oferece a todos a oportunidade de tirar uma licença para se reenergizar e conectar-se novamente com sua paixão. Trabalhei vários anos sem tirar uma dessas licenças para mim mesmo. Parecia muito arriscado me afastar fisicamente (e mentalmente), e estava convencido de que toda a empresa desabaria sem mim. Mas meus bons amigos Tina e Michael Brand me convenceram do contrário. Como ambos estão imersos no mundo artístico, eles sabiam muito bem o quanto é importante o pessoal de criação se **reabastecer** e **refrescar as ideias**. Eles me disseram que, pelo fato de nunca me dar um descanso, não estava pondo em prática o **"Olhar mais além e pensar mais a fundo a respeito"**. Todos sabem que os acadêmicos podem ficar a tal ponto absorvidos em seu trabalho, que precisam de um tempo para dar uma escapada. Por que isso seria diferente para os empresários?

Posso até ouvi-lo murmurando: "Eu não tenho possibilidade alguma de tirar um descanso sabático!". Mas veja o desafio que proponho a você: descubra uma maneira de fazer isso dar certo. Se você for de fato tão fundamental para o *momentum* de sua organização, então é imprescindível que você mantenha seu nível de inspiração e criatividade. E é melhor que você comece a planejar esse descanso agora mesmo, porque isso não ocorrerá por si só.

A maioria das organizações se adapta aos **"acontecimentos de vida"** de seus funcionários — o nascimento ou adoção de um bebê, doenças, morte de um familiar e assim por diante. Precisamos considerar a **licença sabática radical** igualmente como um "acontecimento de vida". Convenhamos, se você se afastar por alguns dias, uma semana ou até mesmo um mês, sua empresa realmente desabará? Muito improvável. Posso lhe dizer por experiência própria que minhas ausências não fizeram outra coisa senão beneficiar minha equipe, porque assim eles aprendem e crescem. Na verdade, acredito que isso seja como um treinamento para um MBA — que nesse caso significa *management by absence* (gerenciamento por ausência). Não subestime o poder de sua equipe para aflorar e assumir algumas das responsabilidades de liderança que não ela teria se você estivesse lá. Em contrapartida, volto revigorado e inspirado, com a mente fervilhando de histórias para contar e com novas perspectivas para continuar levando crescimento e mudança para nossa empresa e nossos clientes.

Ao longo de nosso relacionamento com a BassPro, alguns executivos me contaram sobre as licenças sabáticas do fundador Johnny Morris. Johnny tem um aplicativo em seu telefone que o informa sobre quando e para onde os peixes estão indo. Em qualquer momento em que ele recebe um alerta — até mesmo se estiver no meio de uma reunião —, ele pega sua bolsa e sai para pescar, sabendo que a sólida equipe de administradores que ele desenvolveu durante os anos manterá o negócio caminhando sem percalços.[7] De acordo com Yvon Chouinard, fundador e proprietário da Patagonia, em seu livro *Let My People Go Surfing*, quando as ondas estão altas, ele está fora do escritório. Sei que esses exemplos são um pouco exagerados, mas a questão é que esses momentos de revigoramento e de celebração são essenciais para alimentar o *momentum* do negócio.

Se não houver nenhuma alternativa possível para tirar uma licença sabática radical, faça um "Sab Rad" de 30 min. Nos últimos 20 anos, passei mais de 100 vezes pela Route 5 em Virgínia, rumo ao leste de Richmond, bem longe da cidade. A estrada é paralela ao rio James e passa por florestas e fazendas antigas. Faço um trajeto de 15 min em direção ao rio e 15 min de volta, tentando relaxar ao som do grupo Groove Armada. É uma ótima estrada para pensar e encontrar novas fontes de inspiração, e fiz muitos progressos pelo caminho. Onde serão seus 30 min de Sab Rad?

Dê autonomia e poder aos catalisadores de criatividade

Nossa pesquisa com Kim Jaussi revelou que apenas 27,7% das pessoas ajudam aqueles que estão à sua volta a serem mais criativos. Você pertence a esse grupo de menos de um terço de pessoas que estimula e motiva suas equipes a pensar de maneira diferente? Ou você deixa essa incumbência para outras pessoas? De qual lado você quer ficar? Como líder, você precisa fomentar a criatividade de sua equipe. Contudo, nem mesmo os melhores líderes podem criar o *momentum* sozinhos. Eles precisam da ajuda de outros **catalisadores de criatividade** — pessoas apaixonadas da própria organização que incorporam uma mentalidade criativa e sabem como inspirar os outros.

Independentemente da hierarquia formal da organização, você precisa identificar e dar autonomia e poder a esses catalisadores de criatividade para desenvolver a mentalidade das outras pessoas da equipe. Preste uma atenção especial às palavras que você empregar para descrever essas pessoas: elas são catalisadores, não diretores nem gerentes. A criatividade não prospera adequadamente em um mundo de títulos e níveis e hierárquicos. Muitas pessoas de uma organização podem ser criativas e inspiradoras, mas provavelmente as atribuições de seu cargo não incluem essa responsabilidade específica. Identificar esses membros como catalisadores de criatividade e celebrar suas habilidades é uma alternativa para liberar a criatividade em outros membros e criar o *momentum* criativo de toda a organização.

Continue perseguindo o bem maior (uma vez mais)

Quando voltava para casa em um voo noturno, depois de uma exaustiva viagem de negócios para o exterior, tive uma revelação. Estava exausto, mas não conseguia dormir, e por isso fiquei caminhando pelo corredor do avião para esticar as pernas. Parei em um bebedouro entre a primeira classe e a classe econômica, e fiquei observando os passageiros de cada uma. Estava muito contente de estar voltando para casa e podia ver a mesma ansiedade e esperança nos olhos de vários passageiros. Eles somente queriam chegar ao seu lugar de destino e fazer o que precisavam fazer, independentemente de estarem voltando para casa, visitando familiares, viajando para visitar um cliente e fechar uma venda importante ou se preparando para dar uma palestra ou uma entrevista. Enquanto os observava, lembrei-me das palavras de meu irmão Steve, que certo dia me disse: **"Todo mundo está apenas tentando sobreviver."**

Pensei mais a respeito disso durante o voo, observando o meu vizinho de poltrona fatigado enquanto ele dormia — um representante de vendas que momentos antes havia tirado de sua pasta uma usada sacola plástica com fotos de seus gatos. Percebi que havia um outro lado no comentário de Steve: as pessoas querem fazer muito mais do que apenas sobreviver. Não importa o quanto sejamos ricos e poderosos ou pobres e esforçados, queremos quer levar uma vida plena. Entretanto, a labuta diária sempre nos deixa prostrados. O que conduziu todos nós a esse ponto, em que a única inspiração que levamos conosco é uma velha sacola plástica com fotos de gatos? Quando foi que atingimos o ponto em que começamos a nos contentar com carreiras sem inspiração que nos pressionam cada vez mais sem nos mostrar nenhuma luz no fim do túnel? As pessoas precisam de muito mais. Elas precisam de significado e de propósito. Elas precisam de energia e de conexão. Elas não **querem** apenas ser inspiradas. Elas **precisam** ser inspiradas. Precisam de um bem maior.

Em uma manhã de abril de 1888, Alfred Nobel, o famoso inventor da dinamite, abriu o jornal e leu, para sua surpresa, que "Dr. Alfred Nobel, que ficou rico por encontrar soluções para matar mais pessoas de uma maneira mais rápida do que nunca, morreu ontem." Mais adiante, esse artigo o chamou de **"o mercador da morte"**. Na verdade, quem havia morrido era o irmão de Nobel, e o jornal o havia identificado erroneamente. Mas as palavras daquele obituário prematuro assombraram o famoso inventor.

Até aquele momento, Nobel havia se considerava um químico inovador e bem-sucedido. Ler seu próprio obituário transformou sua visão de mundo, e Nobel se deu conta de que precisava usar sua grande fortuna para um bem maior, para fazer do mundo um lugar melhor e enaltecer os indivíduos que fizeram algo positivo para a humanidade. E foi assim que ele criou o prêmio Nobel. Ele encontrou seu "bem maior", e os efeitos dessa inesperada dose de inspiração continua ecoando mundo afora.[8]

Ainda que a inspiração que você encontrar não venha a ser tão personalizada e capaz de mudar a vida como a de Nobel, você precisa buscá-la deliberadamente e traduzi-la em algo significativo para a sua vida e o seu trabalho. Quanto maior o êxito que você obtiver nessa iniciativa, maior será a probabilidade de você encontrar novos pensamentos, ideias e soluções que se traduzam em um impacto capaz de mudar a vida.

Certa manhã, em algum ponto da década de 1970, dr. Michael Copass, chefe de medicina de emergência do Centro Médico de Harborview, em Seattle, estava atrasado para o trabalho, preso em um congestionamento de trânsito em uma das muitas pontes de Seattle. Ele podia ver que, bem mais adiante, havia acontecido um sério acidente de trânsito. Copass sabia que levaria muito tempo para um veículo de emergência chegar ao local do acidente.

Naquela época, os veículos de emergência eram nada mais que uma perua com maca e dois homens fortes que transportava as pessoas para o hospital mais próximo. Enquanto Copass estava preso no trânsito, pensando no destino das vítimas do acidente, um pensamento lhe passou pela cabeça: *"E se, em vez de levar as pessoas aos médicos e aos equipamentos, pudéssemos levar tratamento de emergência para pessoas feridas diretamente ao local em que elas estão? As pessoas estão morrendo no caminho para o hospital, e provavelmente poderíamos salvar muitas delas."*

Ao chegar ao hospital, Copass reuniu sua equipe de atendimento médico de emergência e começou a relatar entusiasmadamente a ideia que havia tido. A princípio, eles temiam passar qualquer responsabilidade médica a profissionais que não fossem enfermeiros e médicos, mas Copass estava convencido de que seria possível treinar pessoas qualificadas e oferecer cuidados suficientes para estabilizar os pacientes a caminho das salas de emergência. Mas onde eles encontrariam as pessoas certas e os veículos especializados necessários? As peruas simplesmente de nada serviriam se as pessoas precisassem de um tratamento sério.

Copass entrou em contato com outros grupos de interesse na comunidade, e o Departamento do Corpo de Bombeiros acolheu entusiasmadamente a ideia. De qualquer maneira, eles eram quase os primeiros a chegar e contavam com o tipo correto de treinamento. Além disso, tinham veículos resistentes que poderiam ser facilmente convertidos para uso médico. O Departamento de Polícia também assinou embaixo e ofereceu seus helicópteros para atingir áreas especialmente remotas ou bloqueadas.

Foi assim que o moderno sistema de **técnicos médicos de emergência, ambulâncias completamente equipadas** e o Medic One nasceram. Um homem, preso em um engarrafamento, teve uma inspiração que o levou a querer fazer diferença e experimentar algo novo. Embora sua ideia tenha nascido em Seattle, seus efeitos se propagaram por todo o mundo.[9]

De que forma você encontrará seu bem maior? Respondendo as pergunta a seguir, você poderá gerar o *momentum* criativo de sua vida e contribuir para que isso ocorra com todos ao seu redor.

Crie ideais, símbolos e rituais

Se quisermos que nosso *momentum* tenha continuidade, precisaremos de lembretes frequentes dos hábitos responsáveis pelo sucesso de um negócio. E quando você pensar sobre como deve celebrar esses sucessos — independentemente de serem individuais ou de grupo — pense em termos de ideais, símbolos e rituais.

Os ideais são as coisas que mais importam para você como organização, aquelas que definem sua cultura. Pode ser qualquer coisa — a maneira como as pessoas se vestem, o logotipo da empresa ou as obras de arte na recepção do prédio. Na empresa Google, as pessoas vestem *jeans* e andam de patinete pelos corredores pintados de cores vivas. Na maioria das empresas de advocacia, você encontra ternos escuros, portas fechadas e painéis de madeira. Ambas as organizações estão transferindo mensagens significativas tanto aos funcionários quanto aos clientes.

No trabalho, meu cachorro, *Gekko* (que você conheceu em outro Capítulo), inadvertidamente me ofereceu um lembrete visual de um de nossos ideais. Eu e minha equipe estávamos em uma reunião a portas fechadas. Podíamos ouvir risos e conversas que vinham do lado de fora, e *Gekko*, que está sempre querendo se divertir, olhou para mim como se dissesse: "Por que afinal a porta está fechada?". Ele foi até a porta e começou a arranhá-la. Como de costume, *Gekko* estava certo. Depois que a reunião acabou, circulei os arranhões com um pincel. Desde então, seguir verdadeiramente a política de portas abertas tornou-se parte de nossa cultura. E se um dia nos esquecermos disso, teremos os arranhões de *Gekko* para nos lembrar. Se você pensasse nos ideais de sua organização, em que ponto você os localizaria em uma linha imaginária que parte do escritório da Google à empresa de advocacia? Como você sabe disso? Há algum arranhão em sua porta?

Se você tivesse de resumir seus ideais — toda a sua filosofia, o valor que você transmite e a forma como você trabalha — em um símbolo, qual seria? No escritório original da Play, era uma bola de borracha vermelha, e nunca fomos a uma palestra ou a uma reunião sem pelo menos uma delas. Em quase 100% das vezes, minutos antes do início de uma reunião, alguém começava a arremessar a bola ou rolá-la para a frente e para trás. As pessoas tinham dificuldade para deixar a bola de lado. Ela continua sendo um símbolo inspirador, uma representação de estado de espírito em que nos sentimos livres para romper fronteiras e inventar nossas próprias regras.

E essa bola de borracha vermelha, que começou como algo para ficar passando de uma pessoa para outra nas reuniões, viajou o mundo e parou nas mãos de todos, desde pessoas do alto escalão, como um diretor executivo, a um curioso garoto nas ruas de Dubai. Já não se trata mais apenas da bola.

Em um ambiente de negócios turbulento de muitas fusões e aquisições, às vezes é necessário aposentar um símbolo a fim de iniciar um movimento em direção a uma nova identidade corporativa. Em 1999, a liderança da Nationwide, a empresa de seguros, percebeu que precisava reestruturar completamente sua marca, desde o logotipo à seu estilo de interagir com os clientes. "Empresas que não mudam não sobrevivem", afirmou o presidente e diretor executivo Dimon R. McFerson.[10] Mas McFerson percebeu que, para muitos funcionários, o logotipo de águia já consagrado da empresa era uma parte fundamental de sua identidade corporativa e pessoal. Alguns funcionários já antigos até tinham uma tatuagem do logotipo ou o haviam pintado no fundo de sua piscina. Uma mudança demasiadamente abrupta para o novo **"logo vívido"** — uma moldura de janela azul — corria o risco de desagradar aqueles companheiros de equipe.

Para celebrar adequadamente sua nova estratégia de marca e ao mesmo tempo reverenciar a antiga, a Nationwide organizou o maior evento corporativo de sua história, reunindo mais de 35.000 funcionários ao vivo na sede da empresa e por meio de 30 diferentes videoconferências. O principal destaque do evento se deu quando os executivos da Nationwide soltaram duas águias reabilitadas (chamadas Murray e Lincoln, em homenagem aos fundadores da empresa). As duas águias estavam equipadas com um dispositivo de localização por satélite para que todos pudessem assistir à sua viagem através do país utilizando a Intranet da Nationwide. Os funcionários acompanharam a viagem das águias durante meses, um lembrete constante de que precisavam se desfazer do passado e levantar voo rumo ao futuro.

Pense nos rituais. Conscientemente ou não, as ações que repetimos várias vezes enquanto trabalhamos transformam-se em rituais. E esses rituais podem estar tanto a favor da inspiração e da criatividade quanto contra. Seus funcionários reúnem-se para almoçar ou cada um come à sua mesa? A pessoa mais antiga na sala é quem sempre inicia e termina as reuniões? Seus rituais precisam funcionar a seu favor, e não obstruir seu caminho. Na Prophet, por exemplo, um de nossos rituais é a reunião de segunda-feira de manhã. Contudo, em virtude do número de viagens que faço, perco muitas delas. Por isso, quando estou na cidade, reúno todos e o nosso encontro de segunda-feira de manhã é realizado na terça ou na quarta ou em qualquer outro dia possível.

A banqueta de três pernas

Criar e manter o *momentum* tem tudo a ver com o tipo correto de liderança. Há alguns anos, estava me esforçando para ajudar um colega de trabalho enquanto voltávamos para Richmond em um voo noturno. Ele estava tendo dificuldade para imaginar como poderia provocar o máximo de impacto internamente e externamente. E como geralmente a inovação acontece, o desespero e a frustração me forçaram a reenquadrar o tema para que pudéssemos ter um tipo de conversa diferente, coletivamente. "Imagine-se como uma banqueta de três pernas. As pernas são paixão, *expertise* e estilo. Você precisa de todas as três, pois do contrário não terá uma base sólida. E precisa dominar todas as três", disse.

- **Qual é sua paixão?** Pense no Capítulo sobre mentalidade e encontre sua paixão em ação — os interesses e estímulos que o alimentam fora do trabalho. Crie uma lista de palavras para descrever sua paixão e expressar de que forma ela pode afetar o que ***você faz todos os dias.***
- ***Qual é sua expertise?*** Por que você tem esse tipo de trabalho? Pelo que você é pago?
- **Finalmente, qual é seu estilo?** O que o torna único? Quando você sai da sala, o que as pessoas comentam sobre você? Não tenha medo de perguntar às pessoas. Isso provavelmente dará margem a uma das conversas mais profundas que você já teve na vida. Posteriormente, isso desencadeará o *momentum* e a consciência a respeito do que você precisa para ser um líder de inovação inspirado.

REFLITA

Você se lembra da comemoração de fracassos perfeitos da Ore-Ida, em que as pessoas disparam um canhão? Isso se tornou um ritual único e extremamente eficaz e transformou a organização. E tornou-se também um símbolo. E certamente está associado com o ideal da empresa de assumir riscos e levar as ideias adiante até que elas se desintegrem.

Quando sua empresa começar a acionar verdadeiramente seus ideais, símbolos e rituais, você perceberá que eles ultrapassarão as quatro paredes da empresa. Eles começarão a tomar forma, a ganhar alma e a estabelecer vínculos com as pessoas, tanto internamente quanto fora da organização.

CAPÍTULO 6

Círculo completo: o sexto pilar (M)

Dr. Michael Copass, o fundador da Medic One mencionado no Capítulo 5, teve uma ideia inspiradora enquanto esperava em um engarrafamento provocado por um acidente de trânsito. A ideia: em vez de levar o paciente ferido até o atendimento emergencial, por que não levar o atendimento emergencial e os aparelhos até o paciente ferido? Além disso, dr. Copass inspirou uma variedade de outros grupos de interesse a adotar essa nova abordagem, envolvendo departamentos de corpo de bombeiros, e de polícia e outros hospitais e profissionais de saúde. Essa nova abordagem tornou-se o pilar de uma ideia maior, a Medic One. Com o passar do tempo, essa nova abordagem ampliou-se e espalhou-se de um hospital para outro, tornando-se um movimento que revolucionou a medicina de emergência.

Trinta anos depois da primeira ideia inspiradora de dr. Copass, ele sofreu um ataque cardíaco no caminho para o trabalho. **E o que veio para salvar sua vida?** A Medic One — a abordagem de resposta emergencial que ele ajudou a criar.[1] Nunca subestime a magnitude do impacto que você pode criar quando se torna inspirado — e inspira outras pessoas. As ideias que mudam o mundo geralmente retornam para inspirar outras pessoas e transformam-se em um **movimento**, o sexto pilar (M).

E o **movimento** que você **lidera** depende de **você**. Pense em tudo o que leu nas páginas deste livro e entre em ação:

Olhe mais além e pense mais a fundo a respeito. Diga: "Não. Não. Agora você me acompanhe." e sente-se e fique perto de um *barman*. Crie. Lidere. Explore. Reassocie. Revele. Revitalize. Contemple. Pergunte. Seja. Observe. Confesse. Desafie. Contribua. Discuta. Defenda. Elogie. Subverta. Argumente. Concorde. Inspire. Torne-se um curador. Cace e colete. Seja convidado a retornar.

Pegue uma folha de papel e escreva o seguinte:

Inspiração + Criatividade = Inovação.

I + C = I.

ICI.

Você. Eu. Eu mesmo. E ICI. Nós. Una. Arregimente. Organize. Cumpra. Desafie. Fracasse. Fracasse novamente. Celebre o fracasso. Encontre o bem maior. Exija. Confesse. Questione. Requeira. Ressuscite. Reclame. Relaxe. Lembre-se de mentalidade, mecanismos, atmosfera, mensuração, *momentum*. Os cinco pilares.

Responda. Ofereça. Implore. Jogue. Conecte. Confirme. Transforme. Informe. Atue. Acorde. Acolha. Deseje. Ensine. Triunfe. Dramatize. Inspire. Sinta. Destaque-se. Resolva. Selecione. Faça perguntas para ouvir história, e não respostas.

Descubra. Decifre. Foque. Reaja. Responda. Traduza. Busque inspiração: por prazer, intencionalmente, por encomenda. Visite lugares com potencial. Distraia-se. Distraia outras pessoas. Force conexões (ou correlações). Mire à inspiração.

Perca-se. Prepare-se. Adapte. Encha-se de orgulho. Conclua. Apague. Espie. Gaste. Parabenize. Conecte. Experimente. Compare. Contraste. Convença. Explique. Mude suas perspectivas. Seja tolerante à confusão. Arrisque-se. Coloque a paixão em sua essência. Pratique. Defenda. Catalise. Experimente como o cabeleireiro do Alabama. Leve suas ideias para a Nasa.

Vá procurar. Lute. Sorria. Chore. Desconsidere. Apoie. Confira. Demonstre simpatia. Investigue. Caminhe, não corra, pelas ruas da Índia. Assuma riscos. Fale o que pensa. Compre um canhão. Dispare-o. Dispare-o outra vez. Agora deixe outra pessoa experimenta. Permita que outra pessoa fracasse. Resista à pressão de simplesmente atender às expectativas. Sugira comida chinesa.

Retroajuste-se. Responda. Ataque. Logre. Confunda. Consolide. Provoque. Surpreenda. Retrate. Observe. Especule. Rumine. Qual é sua pior ideia? O que poderia acontecer de pior? Envie um *fax* em nome de seu cachorro. Veja o que acontece. Encontre sua paixão. Incorpore sua paixão. Coma mais chocolate. Coma chocolate com *bacon*. Um amor, um chocolate. Uma palavra exclusiva.

Balbucie. Vagueie. Sugira. Identifique. Permita-se. Aprimore. Seduza. Roube. Venda. Considere o poder de um grau de diferença. Explore oportunidades. Crie inventários. Físicos, funcionais, emocionais. Diretos, tangenciais, abstratos. Identifique o espaço intermediário. Amplie-o ou diminua. Desconstrua. Reconstrua. Exagere. Elimine. Substitua. Simplifique. Acerte o alvo.

Olhe mais além outra vez.

Dirija. Passeie. Veleje. Nade. Voe. Pouse. Perscrute. Espie. Cave. Engatinhe. Caminhe. Salte. Corra lentamente. Corra velozmente. Corra intensamente. Irradie. Vasculhe gavetas de roupas íntimas. Tome um *Gimlet* em um bar decadente em Los Angeles. Tente encontrar um filhote de pombo. Leve um *flip chart* para o cemitério. E pense mais a fundo a respeito.

Ultrapasse seus limites. Subestime. Faça. Disseque. Atrase. Misture. Suplique. Ignore. Roube. Adultere. Pegue. Use. Instile. Reflita. Confirme. Avance. Filtre. Esqueça. Antecipe. Decida. Deduza. Agrupe. Una. Não pense além da conta. Esquematize. Expresse. Retrate. Pregue. Viva. Faça. Dê nome. Descubra uma solução inteligente.

Pense de maneira diferente. Comporte-se de maneira diferente. Lidere de maneira diferente. Seja como meu tio Mitch. Mude a atmosfera. Crie um clima. Seja o desfibrilador. Não almoce dentro do carro. Crie rupturas intencionais. Faça perguntas provocativas. Afirmações ousadas. Ou simplesmente vá embora.

Meça. Modele. Manipule. Mostre. Tenha convicção. Reformule as expectativas. Crie símbolos, rituais e ideais. Depois destreine. Desfaça. Desate. Desvenda. Negocie. Teste. Debata. Sintonize. Dessintonize. Exulte. Absorva. Adsorva. Cultue a controvérsia criativa. Contemple a extraordinária tensão. E incentive na linha de frente.

Enuncie. Aprecie. Postule. Pregue. Concretize. Construa. Desmonte. Derrube. Instigue. Tolere. Formule. Indique. Recompense. Reconheça. Relate. Busque. Destrua. Ateste. Fique de pé. Incline-se. Recue. Consulte o travesseiro. Curve-se. Levante-se. Dê um passo atrás. Observe. Capte. Compartilhe. Repita.

Meus longos anos de experiência — tanto profissionais quanto pessoais — me ofereceram uma quantidade fantástica e abundante de vivências e conversas, as quais organizei e utilizei como inspiração neste livro. Minha vida foi e continuará sendo uma vida de propósito e paixão. Você pode fazer o mesmo e colocar a inspiração no centro de sua vida, de sua família, de seu negócio e de seu mundo.

Gostaria de lhe agradecer por me acompanhar nessa investigação sobre a importância e o poder da inspiração. Na verdade, agora você faz parte do que se tornou uma espécie de movimento de pessoas e organizações inspiradas e inspiradoras ao redor do mundo. Agora é responsabilidade sua desempenhar o papel de curador. Quando estiver inspirando pessoas por aí, perceberá que do mesmo modo elas também o inspiram.

Mantenha o movimento. Conte histórias. Compartilhe experiências. Seja o curador da discussão. Vamos nos encontrar e tomar uma cerveja gelada no bar onde tudo acontece.

APÊNDICE

A parte científica

Meu objetivo desde o início deste livro foi inspirá-lo com uma variedade de histórias sobre nossa abordagem de inovação. Nossa estrutura — atmosfera (*mood*), mentalidade, mecanismos, mensuração e *momentum* — não é algo simplesmente inventado. Ela foi desenvolvida ao longo de vários anos de trabalho com clientes e colaboração em equipe. De certa maneira, ela foi desenvolvida por interações do mundo real.

E enquanto essa estrutura evoluía por meio de iniciativas práticas no mundo real, trabalhamos com a dra. Kimberly Jaussi, do Centro de Estudos de Liderança da Universidade de Binghamton (SUNY), para corroborar academicamente o que temos ensinado, para desconstruir os cinco pilares e para validar os componentes de nossa estrutura com um rigor acadêmico que resistisse a uma revisão por pares.

Nas páginas seguintes, Kim descreve os estudos que ela conduziu com base em nossa abordagem e as principais constatações desses estudos. Trata-se da parte científica que respalda as histórias e os episódios que você leu neste livro.

Mensuração na prática: produzindo conhecimentos sobre inspiração por meio da pesquisa-ação

Kimberly S. Jaussi, Ph.D., professora adjunta de comportamento organizacional e liderança, Escola de Administração e Centro de Estudos de Liderança da Universidade de Binghamton

Há muito tempo Andy Stefanovich e sua organização levam a mensuração a sério. Tão seriamente que, no outono de 2002, eles abriram o mundo deles para mim (e para o Centro de Estudos de Liderança) como uma parceira acadêmica, com o objetivo de avaliar suas experiências e pontos de vista sobre o processo criativo. As estatísticas que você viu ao longo desde livro são fruto dessa colaboração. Começamos a analisar as coisas que a Play (agora Prophet) ensinava a seus clientes corporativos e a testar os fatores que achávamos que desempenhava um papel na criatividade, na inovação e na inspiração dentro do ambiente de trabalho. Mal sabíamos que esse relacionamento e os dados seriam tão fartos. No final de 2010, mais de 3.000 levantamentos LEAF foram administrados em aproximadamente 50 organizações, desde empresas listadas na *Fortune 50* a *start-ups* menores.

A esta altura você já teve oportunidade de ler os conselhos de Andy a respeito de cultivar boas paixões de negócio. Devo apenas dizer que tenho uma paixão por sua equipe, e justifica-se por ter conduzido grande parte de minha pesquisa com seus integrantes. Nossa parceria é extraordinariamente única porque Andy e seus companheiros de equipe continuam percebendo e expressando as dinâmicas nuanças subjacentes ao processo criativo no ambiente organizacional, e eu então comparo essas nuanças com meus próprios pensamentos e com o que já foi, ou ainda não foi, estudado por acadêmicos nas disciplinas de comportamento organizacional, psicologia, engenharia, sociologia e educação. Ciência e prática se cruzam, e juntos criamos novos conhecimentos fundamentados em realidades organizacionais.

Em consequência de nossa colaboração, foram criados inúmeros artigos e publicações revisados por pares para conferências nacionais que ofereceram a acadêmicos e profissionais novas ideias sobre a criatividade no ambiente de trabalho. Alguns deles examinam o processo de criatividade dos indivíduos com respeito à mentalidade e a mecanismos. Outros analisaram mais a liderança para a criatividade — como os líderes podem inspirar outras pessoas a serem criativas e com isso estimular a atmosfera e o *momentum* para a criatividade que Andy habilidosamente idealizou em sua própria organização.

O que aprendemos e disseminamos e foi considerado "merecedor" pelo exame de pares na comunidade acadêmica? Nos parágrafos seguintes apresentamos algumas de nossas descobertas e as referências de nossos trabalhos, se você quiser obter mais informações.

Nós aprendemos que...

Considerar a **adesão ao líder** é tão importante quanto considerar a liderança quando pensamos na possibilidade de criar a atmosfera (*mood*) e o *momentum* para a criatividade, inspiração e inovação. Juntos, idealizamos um modelo que explica por que uma organização precisa que todos os adeptos/seguidores desempenhem um papel no sentido de contribuir para a atmosfera e o *momentum* para a criatividade. Os seguidores precisam ser considerados não apenas como eficazes ou ineficazes. Mesmo os "eficazes" têm estilos cognitivos distintos (que descrevemos como 3D *versus* 1D) e níveis de energia e estilos correspondentes também distintos (vermelho *versus* azul). Recomendações específicas para cada uma dessas combinações são oferecidas para incrementar o *momentum*, tanto para cada seguidor como para toda a organização.

Jaussi, K. S., Stefanovich, A. e Devlin, P. G. *Effective Followership for Creativity: A Range of Colors and Dimensions.* Em Riggio, R., Chaleff, I. e Lipman-Blumen, J. (eds.). *Rethinking Followership*. San Francisco: Jossey--Bass, 2008, pp. 291–307.

Alguns mecanismos e mentalidades atuam juntos dentro de cada funcionário. Algo importante a ser considerado é se você tem uma identidade pessoal criativa — se sua criatividade é uma parte importante de quem você é. Essa identidade contribui mais para a sua autoeficácia criativa — outra mentalidade que representa se você acredita ou não que pode ser criativo. Além disso, descobrimos que os indivíduos que se consideram pessoas criativas são mais criativos no trabalho quando aplicam o mecanismo de avaliar aspectos específicos de seus *hobbies* e de suas experiências fora do trabalho em iniciativas para resolver seus problemas relacionados ao trabalho. Essa é a vantagem de desconstruir sua paixão e utilizar aspectos dela em seu trabalho, tal como Andy analisou neste livro.

Jaussi, K. S., Randel, A. E. e Dionne, S. D. *I Am, I think I Can, and I Do: The Role of Personal Identity, Self-efficacy, and Cross-application of Experiences in Creativity at Work. Creativity Research Journal*, 19, 2007, pp. 247–258.

Outros mecanismos também são importantes. E também o estado de espírito da pessoa. A sondagem ou exploração do ambiente (examinar outras organizações em busca de ideias) está positivamente relacionada com ser mais criativo no trabalho. E a atmosfera conta. Encontramos evidências com relação ao ambiente de trabalho que indicam que as emoções positivas são importantes para aumentar a criatividade. As afirmações de Andy de que a inspiração e o olhar mais além e pensar mais a fundo a respeito (LAMSTAIH) alimentam a criatividade são incondicionalmente respaldadas por essas constatações.

Jaussi, K. S., Gooty, J. e Randel, A. E. *Environmental Scouting, Positive Emotions, and Creativity at Work*. Artigo apresentado para a Sociedade de Psicólogos Industriais e Organizacionais, São Francisco, abril de 2008.

Sozinha, a mentalidade, ou seja, a crença ou o pressuposto, não é suficiente. Você precisa conseguir convencer outras pessoas e vender suas ideias. Querer aprender e absorver mais informações não é suficiente para aumentar a criatividade no trabalho. Contudo, se mesclada com a habilidade de expressar e vender ideias eficazmente para outras pessoas, você observará níveis crescentes de criatividade em seu ambiente de trabalho.

Jaussi, K. S. e Randel, A. E. *Driven to Learn and Gifted at Selling Ideas: Learning Orientation, Issue Selling, and Creativity at Work*. Artigo aceito para apresentação na Conferência Nacional da Academy of Management, agosto de 2007.

Os líderes precisam ter uma identidade catalisadora criativa para criar *momentum*. Constatamos que, quando os líderes se veem como catalisadores de criatividade e acreditam que ser um catalisador de criatividade é importante para quem eles são, seus seguidores são mais criativos no trabalho. Além disso, os seguidores que acreditam que seus líderes os inspiram a se sentir um funcionário mais criativo são mais criativos no trabalho.

Jaussi, K. S., Devlin, P. e Randel, A. E. *Developing Those Who Will Lead Others towards Creativity at Work: The Role of a Leader's Creative Catalyst Personal Identity, Fun at Work, and Follower's Leader-Inspired Creative Role Identity*. Artigo apresentado na reunião de cúpula do Instituto de Liderança da Gallup, Washington, DC, 8 de outubro de 2006.

A "inspiração por prazer" funciona para criar *momentum*. Quando os funcionários valorizam o prazer no ambiente de trabalho, eles de fato têm maior prazer no trabalho, o que os ajuda a conseguir inspirar outras pessoas a serem criativas. A lição é: **tenha prazer no trabalho!**

Jaussi, K. S., Carroll, E. e Dionne, S. D. *The Real Deal Rubs off on Others: Authentic Leadership and the Importance of Fun*. Artigo apresentado na reunião de cúpula do Instituto de Liderança da Gallup, Omaha, Nebraska, junho de 2004.

As pessoas vivenciam o treinamento de criatividade de maneira distinta, dependendo de seu próprio nível de criatividade. Com relação a um mesmo treinamento, as pessoas mais criativas sentem que esse treinamento é mais eficaz do que as pessoas menos criativas.

Jaussi, K. S., Dionne, S. D., Harder, J., Carroll, E., Korkmaz, N. e Silverman, S. *Creativity Training: More Effective for Some?* Artigo apresentado no encontro nacional da Sociedade de Psicólogos Industriais e Organizacionais, Chicago, abril de 2004.

De uma maneira levemente distinta, os estudos de caso baseados nos levantamentos LEAF serviram de ponto de partida para que alguns acadêmicos importantes considerassem questões ainda não levantadas sobre mudanças organizacionais para a inovação.

Jaussi, K. S., Warren, D. e Devlin, P. *Culture Change at Offices for the Future*. Artigo resultante de parte de um *workshop* sobre desenvolvimento profissional, facilitado por Kimberly Jaussi, Deborah Doherty, Greg Oldham e Jay Conger. *The Questions We Do and Do Not Ask Regarding Leading Innovative Organizational Change for Innovation*, *workshop* apresentado como parte do programa acadêmico Rede de Comunicações de Liderança e da Conferência Nacional da Academy of Management, agosto de 2008.

Concluindo, apesar de termos incluído várias estatísticas resumidas ao longo do texto, existem muitas outras que acredito sejam particularmente interessantes e estejam muito relacionadas às ideias de Andy. Nós as utilizamos para desencadear discussões em grupos de treinamento e em salas de estudos para executivos, e pensei em apresentá-las aqui também.

Atmosfera (*Mood*)

Apenas **27,7%** (um pouco mais de um quarto) dos clientes com os quais trabalhamos são vistos por seus colegas **como inspiração para a criatividade**, como pessoas que definem os rumos diante de possibilidades. Isso significa que quase 75% dos líderes, os de alto potencial, aqueles que a empresa sente que merecem o investimento em treinamento, não estão inspirando os outros a serem criativos e não estão definindo os rumos para um ambiente centrado em possibilidades.

Apenas 27% daqueles que responderam às pesquisas disseram que se sentem inspirados por seus supervisores a serem criativos. Isso significa que mais de dois terços não estão sendo estimulados ou inspirados por seus chefes a serem criativos.

Menos de um quinto dos participantes entrevistados (18%) relatou que são recompensados pela organização por sua criatividade. Andy disse isso anteriormente: as organizações não estão recompensando seus funcionários por sua criatividade.

Talvez as pessoas não estejam vendo a necessidade de criatividade no papel que representam. Mais da metade (51,7%) dos entrevistados não consideraram a criatividade como parte de seu trabalho.

Quase dois terços dos entrevistados não perceberam a criatividade como parte de quem eles são — do que eles se consideram. Nossa identidade, ou a forma como nos enxergamos, determinam nossos comportamentos.

Mentalidade

Nossos dados indicam que a **maioria** de nós **não se dedica para mudar de** perspectiva, alterar suas crenças e considerar o que está ocorrendo fora de nossos círculos. Ao comentar a frase "Todas as semanas tiro um tempo para avaliar tendências em grupos demográficos diferentes dos meus", apenas 11% dos entrevistados disseram fazê-lo.

Considere o seguinte: nossos dados indicam que nossos clientes se abrem para a mudança de perspectiva quando estão dentro de sua própria empresa, com seus colegas; 72% dos entrevistados disseram que concordavam ou concordavam veementemente com a seguinte frase: "Escolho determinados aspectos das conversas que mantenho com outras pessoas e utilizo como fonte de ideias." Contudo, isso pode ser algo que ocorre ou algo que eles apenas acreditam que ocorra. Em termos de **buscar** novas perspectivas, o quadro parece diferente: apenas 50% dos entrevistados em nossa base de dados afirmaram que fazem perguntas a pessoas da empresa sobre como elas realizam seu trabalho. Com relação ao mesmo tipo de busca por novas perspectivas por meio da interação com pessoas de fora da organização, os dados são semelhantes: apenas 50% afirmaram fazê-lo. Aproximadamente 80% dos clientes e participantes de treinamento entrevistados disseram que eles não "buscam informações sobre tendências sociais pelas quais eles não se sintam particularmente interessados".

Nossos dados confirmam que reservar um tempo para avaliar ideias não é uma atividade com a qual a maioria se sente confortável. Apenas pouco mais de um terço (34%) dos entrevistados respondeu afirmativamente à afirmação: "Quando eu tenho uma ideia, gosto de ruminá-la". Dois terços não estão refletindo a respeito.

Em nossa base de dados, apenas 15% dos indivíduos foram vistos por outras pessoas como alguém que faz coisas não usuais no trabalho.

Apenas 7% daqueles com os quais trabalhamos estão dedicando tempo para serem criativos no trabalho. Apenas 7%. Se considerarmos nossos clientes como uma boa amostragem da América corporativa, isso significa que 93% da América corporativa não está se dedicando à criatividade no ambiente de trabalho. (Na verdade, a porcentagem provavelmente é superior, visto que as pessoas que entraram em contato conosco são as que se preocupam com criatividade e já a estão de olho nela.)

Momentum

Apenas 5% dos entrevistados são vistos por seus colegas como uma pessoa que demonstra um comportamento não convencional no trabalho ou o tipo de ruptura intencional que Andy exemplifica por meio de suas histórias.

Embora nosso trabalho indique que ter prazer no trabalho faz diferença, apenas **19%** dos entrevistados foram vistos por seus colegas como **pessoas alegres**.

As pesquisas indicam uma relação positiva entre apoio no trabalho e desempenho criativo. Desse modo, quantos estão recebendo esse tipo de apoio no trabalho? Entre os clientes entrevistados, 53% disseram que suas ideias eram apoiadas por colegas no ambiente de trabalho; contudo, isso quer dizer que 47% não puderam dizer o mesmo. Isso significa que quase metade de nossos clientes não sente que sua criatividade é apoiada no ambiente de trabalho — e isso em empresas que valorizam a criatividade, visto que elas nos procuram para ajudá-las a aproveitar mais a criatividade. Imagine a estatística em empresas que não estão fazendo isso.

Em nossos estudos com líderes e funcionários de alto potencial, 37% foram considerados como alguém que geralmente estimula os outros a se sentirem confortáveis com a ambiguidade. Esses 37% provavelmente estão no caminho certo para liderar a organização para uma atmosfera propícia à criatividade e à inovação.

E agora?

Como eu e a equipe de Andy ainda mantemos nosso trabalho colaborativo e o processo de coleta de dados, nos deparamos com a pergunta: **"E agora?"**. Nossos dados nos instigaram a manter nossa inspiração por esse assunto e a continuar a investigar esse tema com o objetivo de gerar novos conhecimentos importantes na linha de frente da pesquisa sobre criatividade.

NOTAS

Introdução

1. *NASA to Test Innovative Bioremediation Technique for Oil Spills*, Success Stories, NASA Solutions, 4 de junho de 1998, http://techtran.msfc.nasa.gov/new/oilspill.html.
2. *LEAF Survey da Prophet*, com Kim Jaussi. Dados coletados em 2007-2009.
3. Paola Antonelli, curadora sênior do Departamento de Arquitetura e *Design* do Museu de Arte Moderna, entrevista pessoal a Andy Stefanovich, verão de 2007.
4. *Chef's Surprise*, *Time*, fevereiro de 2004, http://www.time.com/time/insidebiz/article/0,9171,1101040209-586219-1,00.html.

Capítulo 1: Atmosfera (*Mood*)

1. Margaret Lewis, presidente do HCA, Divisão de Capitais, entrevista pessoal a Andy Stefanovich, verão de 2007.
2. Kent Liffick, anteriormente da Fórmula Indy, entrevista pessoal a Andy Stefanovich, verão de 2008.
3. Anita Roddick, fundadora da the Body Shop, entrevista pessoal a Andy Stefanovich, outono de 2003.
4. John Unwin, diretor executivo do The Cosmopolitan de Las Vegas, entrevista pessoal a Andy Stefanovich, verão de 2009.
5. Susan Peters, diretora executiva de aprendizagem da General Electric (GE), entrevista pessoal a Andy Stefanovich, outono de 2009.
6. Duncan Wardle, vice-presidente de relações públicas globais da Walt Disney, entrevista pessoal a Andy Stefanovich, outono de 2007.
7. Victoria Finn, diretora de desenvolvimento de criação global da Disney Destinations, entrevista pessoal a Andy Stefanovich, outono de 2007.
8. Donna Sturgess, presidente da Buyology Inc., ex-diretora global de inovação da GlaxoSmithKline, entrevista pessoal a Andy Stefanovich, verão de 2009.
9. Thomas Silvestri, dono do *Richmond Times-Dispatch*, entrevista pessoal a Andy Stefanovich, inverno de 2008.

Capítulo 2: Mentalidade

1. *Volvo: Your Concept Car (YCC)*, *Automotive Intelligence*, 8 de março de 2004, http://www.autointell.com/european_companies/volvo_cars/volvo-ycc-concept-04Aolvo-ycc04.htm.
2. *Ibidem.*
3. Ivy Ross, vice-presidente executivo de *marketing* da Gap Inc., entrevista pessoal a Andy Stefanovich, outono de 2001.
4. Red Dot, "*The Best Designers of the Red Dot Award: Product Design 2006: Daniel Brown*", 21 de junho de 2006, http://en.red-dot.org/1839.html.
5. David McDonough, diretor executivo da Trustmark, entrevista pessoal a Andy Stefanovich, outono de 2007.
6. Robert D. Behn, *Creating an Innovative Organization: Ten Hints for Involving Frontline Workers*, GovLeaders.org, http://govleaders.org/behn_innovation.htm. Esse artigo foi originalmente publicado na edição do outono de 1995 da *State and Local Government Review*, 27(3).
7. Para obter dados de pesquisas de opinião da Gallup, visite www.gallup.com.
8. Stew Friedman, autor de *Total Leadership*, e professor de prática de administração da Escola de Negócios de Wharton, entrevista pessoal a Andy Stefanovich, inverno de 2000.
9. Para obter mais informações sobre Katrina Markoff e sobre a história da Vosges Haut-Chocolate, visite http://www.vosgeschocolate.com/who_we_are.
10. A história de Gilles Barathier é apresentada em *Mars in Action*, http://rd.mars.com/Canada/en/Mars+in+action.htm.
11. David Storkholm, cofundador, liderança criativa da KaosPilot International, entrevista pessoal a Andy Stefanovich, inverno de 1999.
12. Henning Sejer Jakobsen, desenvolvedor de ideias do Instituto Tecnológico da Dinamarca, entrevista pessoal a Andy Stefanovich, inverno de 1998.
13. A história de Kishore Biyani é apresentada em Surajeet Das Gupta, *Meet India's King of Retail*, rediff.com, 15 de janeiro de 2005, http://www.rediff.com/money/2005/jan/15spec2.htm.
14. Noah Scalin, fundador e criador da Another Limited Rebellion e Skull-A-Day, entrevista pessoal a Andy Stefanovich, outono de 2009. Veja suas esculturas de crânio em http://skulladay.blogspot.com

Capítulo 3: Mecanismos

1. Melinda Brodbeck e Erin Evans, *Dove Campaign for Real Beauty Case Study*, *Public Relations Problems and Cases*, 5 de março de 2007, http://psucomm473.blogspot.com/2007/03/dove-campaign-for-real- beauty-case.html.
2. A história dos pregos *HurriQuake* de Ed Sutt é apresentada em Tom Clynes, *Dr. Nail vs. the Monster*, PopSci Innovator, http://www.popsci.com/popsci/flat/bown/2006/innovator_5.html.
3. Assista ao experimento de Derren Brown, disponível em http://www.metacafe.com/watch/2421839/derren_brown_wallet/.

Capítulo 4: Mensuração

1. Para obter uma biografia de Henry Chadwick, visite http://www.henrychadwick.com/.
2. A história de Billy Beane é apresentada em Keith H. Hammonds, *How to Play Beane Ball*, *Fast Company*, 30 de abril de 2003, http://www.fastcompany.com/magazine/70/beane.html.
3. Pesquisa com os participantes da Conferência de Inovação da *Fortune*, primavera de 2008.
4. Para obter mais informações sobre Tony Hsieh e a Zappos, consulte Keith McFarland, *Why Zappos Offers New Hires $2,000 to Quit*, *Bloomberg Businessweek*, 16 de setembro de 2008, http://www.businessweek.com/smallbiz/content/sep2008/sb20080916_288698.htm.
5. Lamar Tooke, diretor da Associação de Policiamento Comunitário de Virgínia (Community Policing Association), entrevista pessoal a Andy Stefanovich, outono de 2000.
6. Li a respeito da solução de Abraham Wald no *blog* Back of the Napkin, 17 de março de 2006, http://digitalroam.typepad.com/digital_roam/2006/03/the_hole_story_.html.
7. *Simyone Lounge, by the Numbers*, *UrbanDaddy*, 25 de setembro de 2009, http://www.urbandaddy.com/nyc/nightlife/7354/Simyone_Lounge_Simyone_Lounge_by_the_Numbers_New_York_City_NYC_Chelsea_Lounge.
8. Donna Sturgess, presidente da Buyology Inc., ex-diretora global de inovação da GlaxoSmithKline, entrevista pessoal a Andy Stefanovich, verão de 2009.
9. Mary Benner e Michael Tushman, *Process Management and Technological Innovation: A Longitudinal Study of the Photography and Paint Industries*, *Administrative Science Quarterly*, 47(4), dezembro de 2002, pp. 676-706.

Capítulo 5: *Momentum*

1. Courtney Harrison, Centro de Liderança Criativa, entrevista pessoal a Andy Stefanovich, verão de 2005.
2. Bob Cannard, fundador da Green String, entrevista pessoal a Andy Stefanovich, verão de 2005.
3. Alicia Mandel, Comitê Olímpico dos EUA, entrevista pessoal a Andy Stefanovich, verão de 2005.
4. A história de Mary Ann Kehoe e do programa Wellspring é apresentada em Joseph Shapiro, *Nursing Home Finds Aides Key to Good Care*, *npr*, 18 de setembro de 2002, http://www.npr.org/programs/morning/features/2002/sept/nursinghomes/index.html.
5. Rich Rischling, líder global de aprendizagem e desenvolvimento da GE, entrevista pessoal a Andy Stefanovich, verão de 2009.
6. Peter Schweitzer, ex-presidente da J. Walter Thompson, entrevista pessoal a Andy Stefanovich, verão de 1984.
7. A história de Johnny Morris é apresentada em Jayne O'Donnell, *Bass Pro CEO Morris Brings Passion for Fishing to Job*, *USA Today*, 29 de setembro de 2009, http://www.usatoday.com/money/industries/retail/2009-09-29-bass-pro-ceo-johnny-morris_N.htm.
8. Para obter uma biografia de Alfred Nobel, visite http://www.biographyshelf.com/alfred_nobel_biography.html.
9. Para obter informações sobre as contribuições do dr. Copass e a história da Medic One, visite http://www.mediconefoundation.org/medic-one/history.htm.
10. *Nationwide Launches New Brand Identity with 'Living Logo' to Strengthen Consumer Relationships*, comunicado à imprensa, 30 de agosto de 1999, http://www2.prnewswire.com/cgi-bin/stories.pl?ACCT=104&ST0RY=/www/story/08-30-1999/0001012132&EDATE=.

Capítulo 6: Círculo completo: o sexto pilar (M)

1. Essa faceta da história do dr. Copass encontra-se em Gordy Holt, *Medic 1 Rescues Its Own*, Seattle Post-Intelligencer, 30 de outubro de 2001, http://www.highbeam.com/doc/1G1-79822951.html.

AGRADECIMENTOS

Milhões de vezes obrigado.

Acredito em paixões de negócio, aquelas pessoas que fazem parte de sua vida profissional e que lhe dão a mesma sensação que aquela paixão que você teve na sétima série do ensino fundamental. As pessoas que menciono aqui me tornaram parte de sua mágica, e serei eternamente grato: meus colegas na Prophet, Bill e Chickie La Macchia, David Storkholm, Armin Brott, Rodolfo Ramirez, Ivy Ross, Paul Westbrook, Stew Friedman, Susan Peters, Andy Berndt, Randy Webb, Kent Liffick, Beth Comstock, Stan Lippleman, Bert McDowell, Michael Brand, Seth Farbman, Courtney Harrison, Alex Gonzales, Frank Mars, Anita Roddick, Duncan Wardle, Steve Stefanovich, Bob Mooney, Dean Panos, Paola Antonelli, Polly LaBarre, John Sherman, Jim Ukrop, The Greenberg Duo e muitos outros.

Um livro é como um animal selvagem a ser domado e depois libertado, e minha equipe fez isso habilmente. A Levine Greenberg Literary Agency merece a reputação pública de uma das melhores agências literárias do setor, em grande parte pela direção singularmente mágica de Jim. Karen Murphy dirigiu nossa parceria com a Jossey-Bass com entusiasmo e ousadia e acabou nos levando a lugares nos quais não nos imaginávamos. Igualmente importante, ela montou uma excelente equipe para **"olhar mais além"**. Agradecimentos especiais a Gayle Mak e Mary Garrett por nos ajudar.

Isso de fato tem a ver com inspiração, e com frequência me perguntam — como sou uma pessoa obcecada pela ideia e pela importância da inspiração — quem me inspira? Mais uma vez, milhões de agradecimentos a todos os que foram mencionados.

Para aqueles que fizeram com que minhas ideias saíssem da cabeça e as transformaram em algo tangível... meu contínuo aperto de mão e abraço.

Essa lista inclui mais notavelmente Ben Armbruster, Robert Throckmorton, Catherine Strotmeyer, Courtney Ferrell e Geof Hammond. Ben, seus incansáveis meses como artífice das palavras e de dedicação para extrair significado dos milhares cartões de ideias foram uma façanha como nenhuma outra. Eu falava e você escrevia, e o leitor agradece. Robert, Courtney, Catherine e Geof merecem meu verdadeiro agradecimento por terem criado uma história e terem dado sentido, ao longo de 12 anos, à nossa empreitada na Play e agora na Prophet.

Se de fato pararmos para pensar, nossos irmãos e irmãs são superespeciais. São aquelas pessoas com as quais estamos programados para compartilhar a vida, e não teria tido essa oportunidade sem Christine e Steve. Meus anjos da guarda, vocês dois caminham ao meu lado e me fazem sorrir. E Christine, minha parceira na Play, sem você nada disso teria ocorrido... beijos.

Todo mundo deveria ter a sorte que tenho de ter uma companheira e parceira como a minha esposa, Jill, que é uma pessoa fascinante e sempre leva a sério minhas paixões e minhas buscas. Não costumo jogar porque já tirei a sorte grande com ela. O prêmio de mulher mais bacana do mundo vai para você. E juntos tiramos a sorte grande com nossas duas filhas, que agora são a inspiração para darmos continuidade a essa importante jornada da vida. As grandes questões inspiram, e elas continuam escrevendo nossa história.

"De onde você vem?", perguntaram-me certa vez após uma palestra. Fisicamente e espiritualmente, de minha mãe, Barbara, e de meu pai, Steve. Nenhuma outra palavra pode descrever meu amor e minha admiração pelo que chamo diariamente de os melhores pais do mundo. Minha paixão e minhas crenças e esperanças são fruto dessa árvore, e não gostaria que fosse diferente. O desafio é enorme — trabalhar todos os dias por minhas filhas para me sentir da mesma maneira. (Graças à Jill, temos grande chance.)

SOBRE O AUTOR

Andy Stefanovich, curador-chefe e instigador na Prophet, atualmente é conhecido como um dos consultores mais disruptivos e eficazes do mundo dos negócios. Ele passou os últimos 20 anos ajudando empresas e organizações como GE, Nike, Procter & Gamble, Comitê Olímpico dos EUA (USOC) e Coca-Cola a promover a inovação de dentro para fora — aprimorar a qualidade de sua força de trabalho e impulsionar seu crescimento no mercado. A verdadeira paixão de Andy é orientar os clientes por meio de um vigoroso processo de evolução entre a inspiração e a inovação. Ele ensina habilidades práticas, comportamentos de liderança e processos específicos para o desenvolvimento e a implementação de ideias no ambiente de trabalho.

Andy, citado no canal CNBC como um **líder de pensamento inovador** reconhecido nacionalmente, atua como professor visitante em muitas universidades importantes, como a Dartmouth, Universidade de Richmond, Universidade de Michigan, Duke e Escola de Liderança de Wharton.

Em 1990, em conjunto com seu sócio, Andy Stefanovich fundou a Play, empresa de criatividade e inovação que mudou a maneira como as empresas fazem negócios. Nesse período, ele ajudou inúmeras empresas proeminentes a encontrar alternativas para inspirar e aparelhar seu pessoal para criar uma inovação sustentável. A Prophet e a Play uniram forças em dezembro de 2008.

Andy vive em Richmond, no Estado de Virgínia, com sua mulher e suas duas filhas.

www.dvseditora.com.br

GRÁFICA PAYM
Tel. [11] 4392-3344
paym@graficapaym.com.br